図解

図解でわかる

サビ管・児発管

の

お仕事

菊本圭一 編著

中央法規

　長年、サービス管理責任者の養成に携わらせていただいて、人材育成とは本当に難しいことだと感じてきました。

　特にサービス管理責任者に関しては、養成者数も多く、その業務範囲も広範囲なため、限られたカリキュラム時間の中で、何に重きをおいて伝え、何を専門性として発揮してもらうか、いまだに確信となる考えには至りません。

　そんなある日のこと、以下のような出来事がありました。

　ふだんからお付き合いがある児童福祉サービスを提供している小さな事業所の所長さんが青い顔をして、相談に来られ、「聞いてくださいよ。１年前に採用した若い職員のことなんですが……」と言うので、詳しく内容をお聞きしました。

　話を要約すると、サービス管理責任者と児童発達支援管理責任者（以下、「サビ管・児発管」という）の資格を有していたので信用して任せてきたが、事務的な業務を理解しておらず、監査に耐え得る必要書類が作成されていなかったとのことでした。

　その結果、監査で減算の指摘を受け、減算額が大変な金額になっているとのことでした。日頃の所長さんの監督責任は、今回は横においておくとして、この若い職員はなぜ資格があるのに、こんな仕事ぶりだったのでしょうか。私はこのサビ管・児発管だけの問題ではないような気がして、その若い職員の経歴を確認すると、前職で資格を取得したものの、実務は行っていなかったことがわかりました。

　つまり、この若い職員は資格を取得しても、実務の中で経験していないことが多くあり、今回の不幸な結果を招いたようでした。サビ管・児発管の業務範囲はサービス管理や人材育成に始まり、組織管理、請求事務、地域づくりなど多岐にわたっており、その適用範囲は事業所ごとにまちまちです。そのため、今回のことは、この若い職員だけの

問題というよりは、資格制度と養成のあり方に関する構造的な問題も含んでいると考えられます。

　一方、多くのサビ管・児発管自身からも、組織の中では、職員数の多い環境にあっても、自分の仕事について上司などに聞きづらく、大きな孤独を抱えているとの声をよく聞きます。小規模の事業所の場合は、周りに聞いてもわかる人がいないために、今回のような不幸な出来事が散見されているのかもしれません。

　このように、公式な養成研修だけでは伝えきれない部分を少しでも補える書籍をつくりたい、そして、できるだけわかりやすく、実践現場において、サビ管・児発管がわからない実務が発生したときの一助となるものをつくりたい、という思いから、本書の企画がスタートしました。

　そうはいっても、本書だけではカバーしきれていない内容もあります。ですから、本書をきっかけにして、もっと知りたいと感じた部分は、各地域で行われている研修会等に積極的に参加し、サビ管・児発管の専門性の向上に努めていただければと願っています。その結果、サビ管・児発管の資質の向上につながり、障害のある人たちの希望する生活を少しでも実現することができればと願っています。

　最後になりますが、お忙しい中で執筆に携わっていただいた先生方と、編集にご尽力をいただいた中央法規出版の皆さまに心より感謝申し上げます。

2023年11月

菊本圭一

図解でわかるサビ管・児発管のお仕事 目次

はじめに

第 1 章 サビ管・児発管とは

第 2 章 障害福祉の基本的理念や考え方

第 3 章 支援をかたちづくる

第 **6** 章　人を育てる・支える

第 **7** 章　運営管理

第 8 章　知っておきたい関係機関

第 9 章　関連する法制度やサービス

本書で用いる主な略語等について

　本書では、サービス管理責任者を「サビ管」、児童発達支援管理責任者を「児発管」と表記しています。

　また、サービス管理責任者・児童発達支援管理責任者を含む当該事業所に勤務する全職員（スタッフ）を表す場合は「職員」と表記し、実際の介護等のサービス提供者を表す場合は、「支援員」と表記しています。

サビ管・児発管とは

01

サビ管・児発管の役割

▶ 法に基づく役割

　「障害者の日常生活及び社会生活を総合的に支援するための法律に基づく指定障害福祉サービスの事業者の人員、設備及び運営に関する基準」（平成18年厚生労働省令第171号）の第58条第1項でサビ管・児発管について、「サービス管理責任者に指定療養介護に係る個別支援計画の作成に関する業務を担当させるものとする」と定められています。このように、法で示されたとおり、サビ管・児発管の大きな役割は**個別支援計画の作成**であることがわかります。個別支援計画を作成するために、適切なアセスメントをすること、個別支援計画の原案を作成すること、個別支援会議の開催、計画の同意と交付、モニタリングと計画の評価、評価に基づく個別支援計画の変更があげられています。また、支援員への指導や助言も大切な役割となっています。

▶ 個別支援計画の作成

　個別支援計画の作成にはさまざまな留意点があります。計画の作成には、**利用者の希望する生活や課題を把握し、利用者が自立した日常生活を営むことができるような利用者主体の計画を作成する**ことが求められています。

　また、**個別支援計画原案**が**サービス等利用計画**と結びついていなければなりません。さらに、計画の目標と達成時期、留意点等が記載され、支援員で会議（個別支援会議）を開き、計画案への意見を求め、支援員の間で計画を共有する必要があります。支援は一人で実施するのではなく、支援員がチームとして実施するからです。また、計画の実施内容と経過を記録として残す必要があります。モニタリングと記録を基に計画を評価し、この評価が計画の修正の基礎になります。

サビ管・児発管の役割イメージ

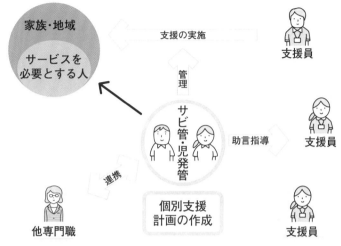

（注）　←サビ管・児発管は条件つきで直接支援も可能

個別支援計画作成のプロセス

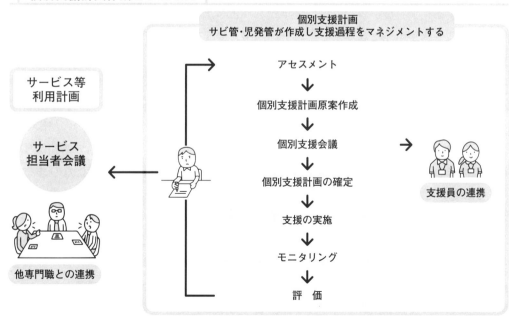

個別支援計画
サビ管・児発管が作成し支援過程をマネジメントする

サービス等
利用計画

サービス
担当者会議

他専門職との連携

アセスメント
↓
個別支援計画原案作成
↓
個別支援会議
↓
個別支援計画の確定
↓
支援の実施
↓
モニタリング
↓
評　価

支援員の連携

02

資格要件

▶ **サービス管理責任者研修（サビ管等研修）**

　2018（平成30）年度まではサビ管等研修を受講するまでの実務経験が、直接支援業務10年、相談支援業務5年、有資格による相談・直接支援業務3年以上とされていました。しかし、新研修体制がスタートした2019（令和元）年度から実務要件も緩和されました。新体制ではそれまでのサビ管等研修が**基礎研修**と**実践研修**に分割され、さらに**更新研修**が規定されました。

　基礎研修を受講するまでの実務要件では、直接支援業務が8年、相談支援業務が5年、有資格による相談支援・直接支援は3年となりました。さらに、実務経験が2年満たない段階から受講が可能となりました。その結果、直接支援業務6年、相談支援3年、有資格による相談支援・直接支援が1年となりました。

▶ **実践研修・更新研修の受講要件**

　基礎研修が修了し、直ぐに実践研修を受講することはできません。基礎研修が修了したら、**OJT（On the Job Training）** を受けなければなりません。OJTの期間は5年の間に2年以上の相談支援業務、または、直接支援業務の実務経験が必要になりました（さらに変更になった点はP.6を参照）。OJTとは、サビ管としての業務を学ぶのではなく、相談業務や直接支援業務をしてもOJTとみなすことになります。

　また、更新研修を受講するには、過去5年間に2年以上のサビ管等・管理者・相談支援専門員の実務経験があること、現にサビ管等・管理者・相談支援専門員として従事していることが受講要件となりました。更新研修を受講しないで5年経過するとサービス管理責任者としての資格がなくなります。とても厳しい内容になりました。

サビ管・児発管の資格要件　図

実務要件の一部緩和

旧体系（2018（平成30）年度まで）	新体系（2019（令和元）年度以降）

一部実務要件の緩和

○直接支援業務　10年以上
○相談支援業務　5年以上

○実務要件を満たしてから受講

・相談支援業務5年以上
・直接支援業務10年以上
・有資格者による相談・直接支援3年以上
（社会福祉士、介護福祉士、理学療法士、看護師等）

○直接支援業務　8年以上
○相談支援業務　5年以上

○基礎研修は実務経験が2年満たない段階から受講可
・相談支援業務5年→3年以上
・直接支援業務8年→6年以上
・有資格者による相談・直接支援3年→1年以上
（社会福祉士、介護福祉士、理学療法士、看護師等）

実践研修・更新研修の受講要件（2019（令和元）年度以降）

基礎研修

【改定】
相談支援従事者初任者研修講義部分の一部を受講（11h）

サービス管理責任者等基礎研修（統一）
研修講義・演習を受講（15h）

OJT①②

①過去5年間に2年以上の相談支援、または直接支援業務の実務経験がある
②個別支援計画作成6月以上（2023（令和5）年改正）

実践研修

【新規創設】
サービス管理責任者等実践研修（14.5h）

サービス管理責任者等として配置

①過去5年間に2年以上のサービス管理責任者等相談支援、または直接支援業務の実務経験がある
②現にサービス管理責任者等・管理者・相談支援専門員として従事している

更新研修

【新規創設】
サービス管理責任者等更新研修（13h）　5年ごとに受講

03

養成研修のしくみ

▶ 新しい研修の体系

　サビ管・児発管について、質の確保を図るべきとの声や、人員確保のため実務経験要件の緩和を求める声があったことをふまえ、2015（平成27）年度より３か年実施された厚生労働科学研究の資料を基に研修体系が検討され、**2019（令和元）年度から新たな研修体系に移行**しました。

　従来、実務経験要件を満たす者は、研修修了後に直ちにサビ管・児発管として配置することができました。しかし、新たな研修体系では、入口の研修である基礎研修修了後、２年間の実務経験（OJT）を経た上での実践研修の修了でサビ管・児発管として配置できることになり、養成開始から２年以上を要するしくみとなりました。

▶ 新体系の変更

　この研修体系の見直しについて、一部の事業者から、サビ管・児発管を直ちに確保することが困難となり、支障が生じているとの声があります。また、2019（令和元）年度以降、新型コロナウイルスの影響により、都道府県がサビ管等研修を延期・中止、規模を縮小しての実施とせざるを得ず、十分に研修が実施できていないといった地域もあり、事業者や自治体から2021（令和３）年度まで設けていた経過措置の継続や研修体系の見直しの要望があったことから、研修体系が見直されました。

　基礎研修修了後に実践研修を受講するために必要な実務経験（OJT２年以上）について、基礎研修受講開始時において、すでに実務経験者である者が障害福祉サービスに係る個別支援計画の作成の一連の業務に従事する場合は、「**６か月以上**」となりました。

サービス管理責任者等研修の変更 図

研修体系のさらなる変更

〈改定後〉

【一部緩和】
サービス管理責任者実務要件
児童発達支援管理責任者実務要件

【改定 基礎研修】
相談支援従事者初任者研修講義部分の
一部受講（11h）
＋
サービス管理責任者等研修（統一）講義・
演習（15h）

↓ OJT① 2年以上

【新規創設】
サービス管理責任者実践研修（14.5h）

↓ サビ管として配置

【新規創設】
サービス管理責任者等更新研修（13h）
5年ごとに受講

〈さらなる改定〉

【改定 基礎研修】
相談支援従事者初任者研修講義部分の
一部受講（11h）
＋
サービス管理責任者等研修（統一）講義・
演習（15h）

↓ OJT② ※
個別支援計画作成6か月以上

【新規創設】
サービス管理責任者実践研修（14.5h）

※基礎研修受講時に実務経験要件（3〜8年）を満たしている者に限る

【新規創設】
専門コース別研修（任意研修）

サービス管理責任者・児童発達支援管理責任者標準研修カリキュラム

相談支援従事者初任者研修 講義部分の一部を受講（11h）

講 義	障害者の地域支援と相談支援従事者（サービス管理責任者・児童発達支援管理責任者）の役割に関する講義（5h）
	障害者の日常生活及び社会生活を総合的に支援するための法律及び児童福祉法の概要並びにサービス提供のプロセスに関する講義（3h）
	相談支援におけるケアマネジメント手法に関する講義（3h）

基礎研修（うち研修講義、演習部分）（15h）

講 義	サービス管理責任者・児童発達支援管理責任者の基本姿勢とサービス提供のプロセスに関する講義（7.5h）
演 習	サービス提供プロセスの管理に関する演習（7.5h）

実践研修（14.5h）

講 義	障害福祉の動向に関する講義（1h）
講義・演習	サービス提供に関する講義及び演習（6.5h）
	人材育成の手法に関する講義及び演習（3.5h）
	多職種及び地域連携に関する講義及び演習（3.5h）

更新研修（13h）

講 義	障害福祉の動向に関する講義（1h）　＊児発管研修では児童福祉施策の最新の動向に変更
講義・演習	サービス提供の自己検証に関する演習（5h）
	サービスの質の向上と人材育成のためのスーパービジョンに関する講義及び演習（7h）

04

人員配置基準

▶ 配置基準

サビ管の配置基準は療養介護や生活介護、就労移行支援、就労継続支援（Ａ型・Ｂ型）、就労定着支援、自立訓練では**利用者60名につき１名**を配置することが決められています。また、共同生活援助と自立生活援助では**30名に１名**の配置が義務づけられています。

しかし、やむを得ない事情によりサビ管が欠如した場合、欠如した日から１年間は実務経験者である者には、サービス管理責任者研修および相談支援従事者研修（講義部分）を修了している者とみなすことが厚生労働省より告示されています。やむを得ない事由とは、事業所が事前に予知できないものに限られています。例えば、サビ管が病気などで、急遽の休職、退職、死亡などがあげられています。

▶ 事業所における対応

やむを得ない事由によりサビ管が欠如した場合、事業所は速やかに事業所を所管する自治体に届け出ること、また、発生後10日以内にサビ管の変更届を提出することになります。変更届には「欠如発生理由書」と「研修受講誓約書」の提出を求めている県（例：奈良県）もあります。

やむを得ない事由に該当するケースでも、変更となるサビ管が実務経験要件を満たさない場合は配置自体が認められないことになります。この場合は事業所の休止や廃止が指導されます。

また、サビ管が配置基準を満たしていない場合には、利用者全員について一定割合で減算になります。

配置基準

障害福祉サービスの種類	配置基準
療養介護・生活介護・自立訓練・就労移行支援・就労継続支援（Ａ型・Ｂ型）・就労定着支援	利用者60名：1名
共同生活援助（グループホーム）・自立生活援助	利用者30名：1名

＊日中活動系の事業所では利用者60名以下に対して、常勤のサービス管理責任者1名以上配置しなければならない
＊共同生活援助と自立生活援助では利用者30名以下に対して、常勤のサービス管理責任者1名以上配置しなければならない
＊基準を満たさない場合には所管する自治体から指導があり、従わない場合には指定の取り消しが行われることもある

サービス管理責任者の兼務について

障害福祉サービスの種類	兼務について
療養介護・生活介護・自立訓練・就労移行支援・就労継続支援（Ａ型・Ｂ型）・就労定着支援	事業所の管理者を兼務することができる。直接処遇職員としては常勤職員として換算できない。ただし利用定員が20名以下であれば処遇職員としても常勤換算ができる
共同生活援助（グループホーム）・自立生活援助	サービス管理責任者は常勤である必要はなく、業務に支障がない場合には、管理者、直接処遇職員との兼務が認められている
多機能事業所（日中活動系の事業や児童系の事業を二つ以上一体的に実施している事業所）	利用者が60名以下であれば、管理者との兼務ができる。利用定員が20名未満であれば直接処遇職員との兼務ができる

配置基準を満たしていない場合の措置

◎人員が欠如した月の翌々月から、人員欠如が解消されるまで利用者全員の基本報酬の70％を算定する。つまり30％の減算となる
◎減算が適用される月から連続して5か月以上基準に満たないときは、減算が適用された5か月目から利用者全員の基本報酬の50％を算定する。つまり50％の減算となる

05

サビ管・児発管の
仕事の魅力

▶ **サビ管・児発管は「事業所」という船の船長**

　船長を雇う社長は、陸地で船の行き先や、やるべき仕事を決め、やり遂げてほしいことを船長に伝えます。船長は社長の意向に従い、社長の右腕になって働いていくという面もあるでしょうが、出港さえすれば、船という現場の全責任は船長が担っていきます。舵を切る判断の責任を負い、船員の仕事ぶりに直接接しながら、船員のやる気を高め、仕事の効率化を常に考えていくのです。

　サビ管・児発管は、直接利用者に支援をしていく現場の「船長」であり、日々の支援内容を決めていく立場にあります。また、**事業所を利用する人や現場の支援員全員の声を、いつでも聴き取っていける立場**でもあり、とてもやりがいのある仕事です。

▶ **自分を磨き、人を育てる仕事**

　事業所としては、その職員のチームとしての支援力が高くなくては、適切な支援を提供することはできません。サビ管・児発管は、支援員を育てていくことに尽力していくことになります。事業所を利用する人の気持ちに寄り添い、臨機応変に必要な支援を提供できる支援員を育てることを目指していくのですが、そこにこの仕事の面白さもあります。

　また、サービス（支援）を提供していると、いくら支援員で話し合っても支援の方向性が見いだせないことや、事業所の力が及ばない事態に直面することがあります。関係機関と連携し、さまざまな意見を求め、ときには専門家に事業所に来てもらうことで、活路は見えてくるものです。そのことは支援員の育成にもつながるのですが、サビ管・児発管は外部と連携するほどに、自身を磨き続けられる立場でもあるのです。

サビ管・児発管＝支援現場の責任者

乗客の安全第一！
楽しい旅を！
力を合わせよう！

報連相

管理者　　業務命令・運営方針 等　　**サビ管・児発管**

支援現場の責任者

自分を磨き、人を育てる仕事

外部との連携＝　**自分磨き**

外部機関との連携
つなげる

支援の実施
見守り

サビ管・
児発管の
大切な役割

わからないこと
聞く

職場内での会議
仕掛ける

支援の修正
見守り

支援員の育成＝　**育つ喜び**

06

サビ管・児発管の毎日
（1日、1週間のルーティーン）

▶ サビ管・児発管の1日

　事業の形態により通勤する時間や、通勤してやるべきことは変わってきますが、一般的には、その日の利用者と支援員の出欠や前日までの健康状態の確認と、天候状況や周囲の交通状況から留意すべきことを判断し、サービス（支援）の変更点があれば、必要な指示を出すことから始めていくことになります（朝礼での役目も大切）。その後、時間があれば関係機関からの郵便、メール（行政からの通知等）をチェックします。

　サビ管・児発管は、利用者の送迎や欠勤した支援員の補完、現場の混乱等による応援などの業務を行う事業所も多いのですが、本来の仕事は、関係機関との電話等での連絡、日々の記録と個別支援計画のチェックと見直し、現場の支援員の動きの観察、利用者家族への対応が主となります。仕事を終える1時間前には、明日の支援実施のための事業所全体の動きとその準備に関する確認を支援員とともに行っていきます。

▶ サビ管・児発管の1週間

　サビ管・児発管の日々の仕事は上記のとおりですが、事業所として法令に従っていくための確認や準備、利用者の権利を守っていくための支援内容の振り返り、関係機関からの連絡内容に対応していくこと、個別支援会議やサービス担当者会議への出席や日程調整、地域の（自立支援）協議会への参画、管理者への報告や管理者からの指示を受けて対応することなど、さまざまな仕事がサビ管・児発管にはあります。

　そうした時間をつくるために、現場の支援員に丁寧に話をして協力を求めていきましょう。1週間のスケジュールを自己管理し、**周りの支援員にサビ管・児発管の仕事とその目的を一つひとつ明らかにしていく**ことはとても大切です。

サビ管・児発管の実際の仕事例　図

サビ管・児発管の1日の例

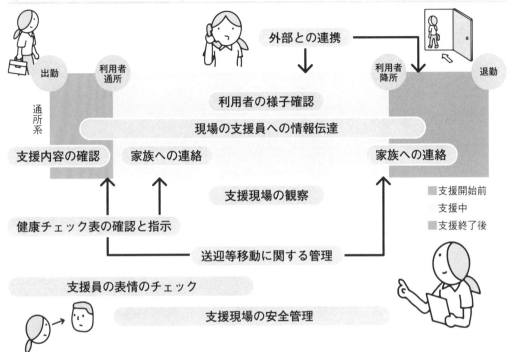

外部との連携

出勤　利用者通所　　　　利用者降所　退勤

通所系

利用者の様子確認

現場の支援員への情報伝達

支援内容の確認　家族への連絡　　　　家族への連絡

支援現場の観察

■支援開始前
　支援中
■支援終了後

健康チェック表の確認と指示

送迎等移動に関する管理

支援員の表情のチェック

支援現場の安全管理

サビ管・児発管から事業所支援員への協力依頼

来週の火曜日の予定だけど、Hさんのことで、（自立支援）協議会でメンバーに相談しようと思うの。あと、木曜日の午前中はMさんのサービス担当者会議に参加します。先日話し合ったことを伝えますね。不在のときは、よろしくお願いします。

わかりました！先日話した疑問点について、いろいろと情報を集めてください。不在中は特に困ったことが起きなければ、私が判断して支援していきます。

サビ管・児発管

事業所支援員

第 2 章

障害福祉の
基本的理念や考え方

01

権利擁護

▶ 憲法・障害者の権利条約が示す人権

　日本国憲法の根本的な原理は「**個人の尊厳**」を守ることだと考えられています。「個人の尊厳を守る」ことをベースに憲法の三大原理、「基本的人権の尊重」「国民主権」「平和主義」が決められていると考えられています。この原理で最も重要なものが「**基本的人権の尊重**」です。基本的人権とは「人が生まれながらに有している権利」であり、憲法第11条で「国民は、すべての基本的人権の享有を妨げられない」と規定されています。

　また、障害者の権利に関する条約第1条では「全ての障害者によるあらゆる人権及び基本的自由の完全かつ平等な享有を促進し、保護し、及び確保すること並びに障害者の固有の尊厳の尊重を促進すること」を目的とすることが記されています。したがって、障害者を人権侵害や危機から守ることで「その人らしい生活の実現」を目指す取り組みが**権利擁護**だと考えることができます。

▶ 権利擁護の取り組み

　「その人らしい生活の実現」を目指す権利擁護支援事業や制度として次のものが考えられます。（1）日常生活自立支援事業、（2）成年後見制度、（3）差別の解消事業、（4）虐待防止事業、（5）苦情解決事業、（6）生活困窮に対する相談、などです。

　このうち**成年後見制度**とは、認知症、知的障害、精神障害などの理由で判断能力が十分ではない人々などの財産管理や身上保護（介護・障害福祉サービスの利用契約や施設入所・入院の契約締結、履行状況の確認など）といった法律に基づく行為を支援する取り組みです。また、悪質商法の被害から判断能力が十分ではない人々などを守ることも重要な成年後見制度の取り組みの一つです。

憲法と権利条約と障害福祉関連法の整合について

憲法の
理念と条文

整合性

障害者の権利条約

整合性

障害者基本法
国内障害福祉関連法

> 国内の権利擁護に関する障害福祉関連法は憲法だけではなく障害者の権利に関する条約を批准したことでそれとの整合性も問われることとなった。障害者基本法や障害者虐待の防止、障害者の養護者に対する支援等に関する法律、障害を理由とする差別の解消の推進に関する法律等も例外ではない

> 2007年の条約への署名後、国内の法律を改正した上で障害者の権利に関する条約を発効しました。

成年後見制度

種類	判断能力	内容	利用の流れ
任意後見制度	本人に十分な判断能力がある	事前に本人自らが選んだ任意後見人に、判断能力が低下した時に、任せたいことを契約（任意後見契約）で決めておく制度	①本人が判断できるうちに契約 ②本人の判断能力が低下 ③家庭裁判所へ任意後見監督人選任の申立て ④任意後見監督人の選任
法定後見制度	本人に判断能力がない	家庭裁判所によって、成年後見人等が選ばれる制度。本人の判断能力に応じて、補助、保佐、後見の三つの類型がある	①本人の判断能力の低下など ②家庭裁判所へ法定成年後見人選任の申立て ③法定成年後見人の選任

02
ノーマライゼーション

▶ ノーマライゼーションの理念

　厚生労働省は**ノーマライゼーション**を「障害のある人もない人も、互いに支え合い、地域で生き生きと明るく豊かに暮らしていける社会を目指す」こととしています。これまではリハビリテーション（re（再び）-habilis（適する））を中心とした考え方でした。障害のある人が社会に適するようにすること、障害者自身が変わることを求めた社会でした。

　しかし、本当にこのような社会が「正常」なのでしょうか。障害のある人、ない人がともに生きる社会が正常ではないのかという疑問から、デンマークの**バンク−ミケルセン**が「どのような障害があろうと一般の市民と同等の生活と権利が保障されなければならない」と提唱し、この考え方が後に世界に広がりました。

▶ ノーマライゼーションの広がり

　ノーマライゼーションの理念を推し進めたのがスウェーデンの**ベンクト・ニィリエ**です。ニィリエは「社会の主流となっている状態にできるだけ近い日常生活を、知的障害者が得られること」として、八つの原理を定義しました。この原理がアメリカで広がり、世界に広がったといわれています。

　日本でもノーマライゼーションの理念に基づいた施策が展開されています。2002（平成14）年12月には**障害者基本計画**が策定され、その根本となる基本的な方針では「21世紀に我が国が目指すべき社会は、障害の有無にかかわらず、国民誰もが相互に人格と個性を尊重し支え合う共生社会とする必要がある」とし、ノーマライゼーションの理念が見事に反映した考え方を示しています。

ノーマライゼーションの理念　図

これまでの社会のとらえ方

一般社会

社会に入るには、障害者自身が変わること、障害の軽減を強いる社会であった

ノーマライゼーションの理念を取り入れた社会

共生社会

共生社会において、障害者は、社会の対等な構成員として人権を尊重され、自己選択と自己決定の下に社会のあらゆる活動に参加、参画するとともに、社会の一員としてその責任を分担する

ニィリエの八つの原理（社会の主流）

① 1日のノーマルなリズム

② 1週間のノーマルなリズム

③ 1年間のノーマルなリズム

④ ライフサイクルでのノーマルな発達的経験

⑤ ノーマルな個人の尊厳と自己決定権

⑥ ノーマルな性的関係

⑦ ノーマルな経済的水準とそれを得る権利

⑧ その地域におけるノーマルな環境水準

03

インクルージョン

▶ インクルージョンの背景

インクルージョンは「包摂、包含」などと訳されています。包摂の意味は「一定の範囲の中に包み込む」ことです。一般的に**ソーシャル・インクルージョンは「社会的包摂、社会的包含」として使われています。**社会が包み込むということになります。

1980年代のヨーロッパでは、若者の雇用の不安定と長期失業者の貧困が広がり、社会からドロップアウトする人々が増えていました。この人々を再び社会に復帰させる施策として「**ソーシャル・インクルージョン（社会的包摂）**」が提唱されました。社会的包摂の考え方がノーマライゼーションの考え方と共通していることから、1990年代にアメリカの障害者福祉や教育に影響を与え、インクルーシブ教育が広がり、その考え方を表す言葉としてインクルージョンが使われたと考えられています。

▶ 日本のインクルージョン

日本にインクルージョンが導入されたきっかけは「**障害者の権利条約の批准**」です。障害者の権利条約を批准するために、条約に照らして、国内の法律が整合しているかどうかが検討されました。障害者の権利条約の中心となる考え方の中に、「**社会への完全かつ効果的参加とインクルージョン（コミュニティーに仲間入りすること）**」があります。

インクルージョンとは、「多様な人々が互いに個性を認め合い、個性を生かして共生する」ことを意味しています。性別や人種、民族や国籍、出身地や社会的地位、障害の有無など、その属性によって排除されることなく、誰もが社会の一員として分け隔てられることなく、地域であたりまえに生活することができる社会（地域共生社会）を目指し、それを支援することが障害者基本法に明記されました。

ソーシャル・インクルージョン（社会的包摂、社会的包含）

社 会

ドロップアウト

インクルージョン

日本のインクルージョン

地域共生社会の実現

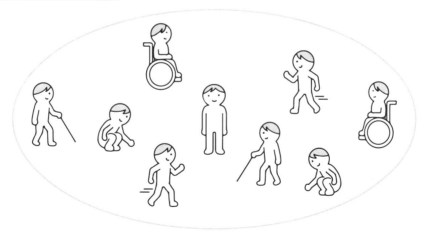

日本のインクルージョンは「地域共生社会」の実現という概念に生かされている

04

ウェルビーイング

ウェルビーイングとは

ウェルビーイング（Well-being）は「幸福」や「健康」などと訳されます。では、ウェルビーイングをどのようにして測ったらよいのでしょうか。自分のウェルビーイングがどの程度かを測る指標として、アメリカの心理学者**マーティン・セリングマン**とアメリカ企業ギャラップ社が開発した指標があります。この指標については下記で紹介します。

　日本では、「**働き方改革**」の実現に向けた政策が厚生労働省を中心にまとめられています。「働き方改革」は、この課題の解決のため、働く人のおかれた個々の事情に応じ、多様な働き方を選択できる社会を実現し、働く人一人ひとりがよりよい将来の展望をもてるようにすることを目指しています。働き方改革の背景にもウェルビーイングが影響を与えていることがわかります。

ウェルビーイングの指標

　上記のセリングマンは異常心理等の権威で、幸福の鍵は「ポジティブ（積極性）」だと提唱し、ウェルビーイングの指標として「**P・E・R・M・A**」をあげています。Positive Emotion（ポジティブな感情）、Engagement（何かに没頭しているか）、Relationship（良好な人間関係）、Meaning and Purpose（意味や目的を見いだす）、Achievement/Accomplishment（成功体験）等です。

　一方、ギャラップ社の指標も五つの項目から測られるとしています。Career（キャリア）、Social（周囲との関係）、Financial（経済的）、Physical（肉体的）、Community（地域社会とのつながり）などをあげています。

2019（平成31）年4月から働き方改革関連法（改正労働基準法）が順次施行

項　目	内　容	施　行
時間外労働の上限設定	月45時間、年360時間を原則とし、臨時的な特別な事情がある場合でも、年720時間、単月100時間未満。複数月平均80時間を限度に設定する必要がある	2019（平成31）年4月1日（中小企業は2020（令和2）年4月1日）
年次有給休暇の確実な取得	使用者は10日以上の年次有給が付与されるすべての労働者に対して、毎年5日、時季を指定して有給休暇を取得させる必要がある	2019（平成31）年4月1日
正社員と非正規雇用労働者の不合理な待遇差が禁止される	同一企業内で正社員と非正規雇用労働者（パートタイム労働者、有期雇用労働者、派遣労働者）の基本給や賞与などの個々の待遇ごとに不合理な待遇差が禁止される	2020（令和2）年4月1日（中小企業は2021（令和3）年4月1日）

世界幸福度ランキング（2023年）

順　位	国　名	順　位	国　名
1位	フィンランド	6位	スウェーデン
2位	デンマーク	7位	ノルウェー
3位	アイスランド	8位	スイス
4位	イスラエル	9位	ルクセンブルク
5位	オランダ	47位	日本

このランキングの特徴は、「幸福度」という目には見えないものを数値化して、順位づけしている点にある。各国の幸福度は、主に「主観的な幸福度」によって決定され、キャントリルラダーと呼ばれる手法を用いて、自身の幸福度が0〜10までの11段階中、どこに当てはまるのかを明らかにし、その上で、以下の六つの項目を加味して判断される。ちなみに日本は47位である。

1. GDP
2. 社会的支援の充実
3. 健康寿命
4. 人生における選択の自由度
5. 他者への寛容さ
6. 国への信頼度

05

エンパワメント

▶ エンパワメントの視点

　「このところ疲れがたまっているな」と感じたら、マッサージを受けに行こうかなとか、温泉に入りに行こうとか、海辺でのんびり過ごそうかなど、いくつもの選択肢を思い巡らせ行動に移していくものです。ところが、障害があることで選択肢が限られ、やりたいことを我慢し、ついにはやりたいことさえ頭に浮かばない状況に追い込まれている人は多くいます。また、障害があるのだから仕方ない、そんなわがままを言ってはいけない、施しを受ける側なのだから大人しくしていればよい、という価値観をもった人が、障害のある本人の周りに少なからずいる現実があります。

　本来は十分に発揮できる能力があるのに、適切な体験の場がない、挑戦する機会がない、当たり前のことを考えてみることさえできないことに着目していくことが、サービスを提供する立場としての**エンパワメント**の視点です。

▶ サービスを提供する側が配慮するエンパワメントとは？

　直接本人とかかわり、家族や事業所の人と話し合う中で、「まずはやってみませんか」と話を進め、実際に体験をしてみると、予想以上に短期間で、一人でやり遂げていく姿を数多く見てきました。必要な情報を得て、さまざまな体験を重ねていくことで、本人なりに一つひとつの生活上の問題や困難を解決していく力をつけていきます。それは、できていないことをできるように促すことではありません。

　周りが勝手にできないものとして決めつけてきただけではないか、社会の側に障害への配慮（制度も含む）がないため、人として当たり前の思いを叶えられなかっただけではないかと、サビ管・児発管は常に意識しているべきなのです。

実際のエンパワメントの例　図

エンパワメントの視点による支援

できません、やりたいことはありません、怖いです、しんどいです…という気持ちの背景は？

> バスや電車は人目が気になって怖いです。高校のときも専門学校のときもお母さんに送り迎えしてもらっていました。

> そうだったんですね。いろいろとしんどかったですね！

> 人混みが苦手なのかな？
> エレベーターでは？
> 買い物はされているのかな？
> こうしてお話できていることはすごいことだなぁ。何か体験していけば、自信につながることはないかなぁ

本人の気持ちに寄り添いながら、明日から挑戦できそうなことや、やってみようかなと感じることを一緒に考え、話し合っていくことが、エンパワメントの視点による支援！

本来もっている力が出せない状況とは？

自信をなくす周囲の思い込み

・できていないことから、取り組んでいかなくては！
・支援なくして一人ではできないだろう
・障害があるのだから、無理はさせたくない
・障害があるから努力が必要なのに、がんばろうとしない！
・いつもやる前からすぐにあきらめてしまっている
・何か困ったことでもやらかしてしまうのではないか
・禁止や制止をしても同じことを繰り返してしまう

負の連鎖

嫌な記憶の増大

見張られる日々

否定される体験

本人の負の連鎖に寄り添いながら、負の連鎖を断ち切る支援

06

ストレングスモデル

▶ なぜストレングスなのか

　事業所が提供している支援の現場で、利用者が生き生きとした表情で過ごしている場面にふれることがあります。それは、本人が関心のあることを話している場面や得意としている作業に取り組んでいる場面、好きな人を見つめていたり、好みのものを食べていたり、やりたいことをやり始めたりといった場面です。

　一方で、障害の改善を目的とした課題への取り組みは、着手する時点からなかなか集中できない、取り組みを持続しにくい様子が見受けられます。支援する側と支援を受ける側という関係にもなりやすく、自信をもつことや、チャレンジしてみたい、自分を変えたいといった前向きな気持ちから遠ざかることにもなりかねません。その人の興味や関心、好きなこと、得意なことを知ることは、支援のベースである信頼関係づくりにも結びついていきます。

▶ ストレングスモデルとは？

　ストレングスモデルでは、障害やできていないことに焦点を当てず、その人の暮らしの中で目標としたいと心に思っていることを大切にし、興味や関心、好きなことや得意なこと（ストレングス）を活かしながら、目標に近づいていくことを重視していますので、最初にその人の強みを評価し、記録していくことから支援を始めていきます。人はストレングスに基づいて成長していくからです。また、ストレングスに焦点を当てていくことで、モチベーションを高めていくことができます。

　ストレングスモデルで、本人の気持ちと強みを大切にしていくと、支援における目標が支援者目線から本人が意欲をもって取り組める内容へと変わっていくでしょう。

ストレングスを重視するわけ　図

第
1
章
サビ管・児発管とは

第
2
章
障害福祉の
基本的理念や考え方

第
3
章
支援をかたちづくる

第
4
章
事業所内での協働

第
5
章
地域とつながる・
地域をつくる

前提となるストレングス視点

人はそれぞれが持つ興味・関心や向上心、ストレングス(強さ)に基づいて成長する

人は、人生をうまく生きるために家族や地域社会が持っている資源を使う

人は、得意なこと、楽しめること、自分にとって意味のあることに時間を使う傾向がある

ストレングス(強さ)に焦点を当てることは、行動の動機づけを強める

欠陥に焦点を当てることは、絶望やできないといった感情を強める

ストレングスモデルは自立を助ける

包括的なアプローチは、支援の目標に一致していくこととなる

出典：小澤温監「相談支援専門員のための ストレングスモデルに基づく障害者ケアマネジメントマニュアル──サービス等利用計画の質を高める」中央法規出版、2015年、P.63

本人の強みを活かした目標例

支援者目線の目標	ストレングスアセスメント	本人の強みを活かした目標例
自分の持ち物について、整理整頓できるようになりましょう		お気に入りのカバンが使いやすくなるよう一緒に考えてほしい！
健康な毎日を送り、居眠りせずに作業をがんばりましょう		色を見ていると落ち着くので、いろんな色を眺められる仕事がしたい
当番など自分の役割を担い、ほかの利用者に喜ばれることをしましょう		○○さんにほめられたいので、得意なレジ打ちをもっとやります
しつこく尋ねることをなくし、友達と仲良く遊びましょう		クイズ王になりたい。毎日クイズ大会をする時間をください
意欲的に自ら頑張り続けることが難しい内容		意欲的にやってみたいと本人が感じる内容

本人の気持ちと本人の強みを大切にしていくと……

06 ストレングスモデル 27

07

障害のとらえ方
(ICF)

ICF（国際生活機能分類）とは？

　疾患や機能障害、障害の特性などの状態により、どのような支援が必要なのかを考えていくことはとても大切なことです。ただ、そうした視点からは、できていないことに対して、どう配慮し、どのような手助けや補助具が必要なのかなど、障害の軽減や改善を目指していくことが、支援の方向性の主題となりやすいものです。

　右図に示している **ICF の生活機能モデル**を使って、障害について考えていくと、その人の生活上の問題がみえてきます。本人が積極的にやろうとしていることを妨げている人の存在がみえてくることもあります。出かけたいところ、治療したいと思っていることなど、関係者が本人の今の気持ちに寄り添っていき、**その人の暮らし全体を評価していくために、支援者の視点を広げていく考え方**であるといえます。

支援の現場におけるICFを使った実践

　地域とのつながりを常に考え、その人の潜在的な力やその人らしさと、前向きな目標を検討していくために、例えば「買い物に毎日行きたい気持ちはあるが、今は月に一度くらいしか買い物に出かけていない」といった状態をテーマとし、この表に書き込んでいくと、**右図のようになります。阻害要因や困難になっていることなど、本人像がより明確になっていきます。**また、就労継続支援の現場で、例えば「先月から提供し始めた作業に関心はある様子だが、けがをしてしまいそうなので今はその作業を提供できない」といった場合に、どうすれば安全に取り組んでもらえるかといった今後の支援を具体的に検討していく際に ICF の生活機能モデルを活用することで、支援の視点の広がりとヒントがみえてくることがあります。

ICFの生活機能モデルの活用例　図

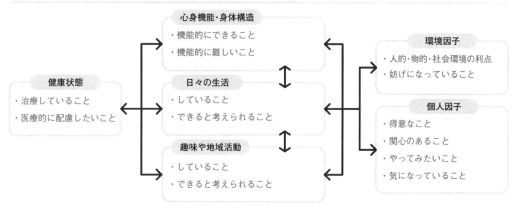

ICFをベースとした障害をとらえるシート例

心身機能・身体構造
・機能的にできること
・機能的に難しいこと

健康状態
・治療していること
・医療的に配慮したいこと

日々の生活
・していること
・できると考えられること

趣味や地域活動
・していること
・できると考えられること

環境因子
・人的・物的・社会環境の利点
・妨げになっていること

個人因子
・得意なこと
・関心のあること
・やってみたいこと
・気になっていること

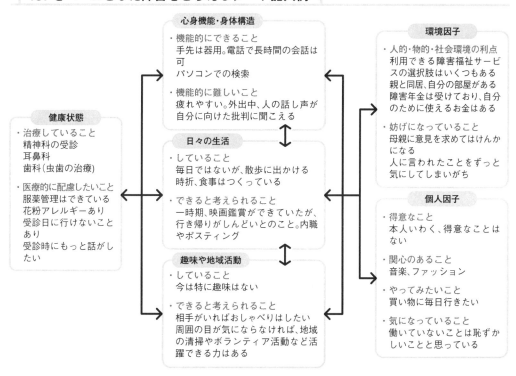

ICFをベースとした障害をとらえるシート記入例

心身機能・身体構造
・機能的にできること
手先は器用。電話で長時間の会話は可
パソコンでの検索

・機能的に難しいこと
疲れやすい。外出中、人の話し声が自分に向けた批判に聞こえる

健康状態
・治療していること
精神科の受診
耳鼻科
歯科（虫歯の治療）

・医療的に配慮したいこと
服薬管理はできている
花粉アレルギーあり
受診日に行けないことあり
受診時にもっと話がしたい

日々の生活
・していること
毎日ではないが、散歩に出かける
時折、食事はつくっている

・できると考えられること
一時期、映画鑑賞ができていたが、行き帰りがしんどいとのこと。内職やポスティング

趣味や地域活動
・していること
今は特に趣味はない

・できると考えられること
相手がいればおしゃべりはしたい
周囲の目が気にならなければ、地域の清掃やボランティア活動など活躍できる力はある

環境因子
・人的・物的・社会環境の利点
利用できる障害福祉サービスの選択肢はいくつもある
親と同居、自分の部屋がある
障害年金は受けており、自分のために使えるお金がある

・妨げになっていること
母親に意見を求めてはけんかになる
人に言われたことをずっと気にしてしまいがち

個人因子
・得意なこと
本人いわく、得意なことはない

・関心のあること
音楽、ファッション

・やってみたいこと
買い物に毎日行きたい

・気になっていること
働いていないことは恥ずかしいことと思っている

第 2 章 参考文献

- 厚生労働省「働き方改革」パンフレット
- 国連持続可能な開発ソリューション・ネットワーク（SDSN）「世界幸福度報告書」2023年

支援をかたちづくる

01

支給決定・利用までの流れ

支給決定プロセスの基本的な流れ

サビ管・児発管として**支給決定プロセス**の流れを把握しておくと、直接利用相談に来られた場合の対応等が円滑になります。ここでは基本的な流れの確認とともにサビ管・児発管の役割等について確認していきます。支給決定プロセスの基本的な流れは、市町村が障害者の障害福祉サービスの必要性を総合的に判定するため、支給決定に至る各段階において、①障害者の心身の状況（障害支援区分）、②社会活動や介護者、居住等の状況、③サービス等利用計画案、④サービスの利用意向、⑤訓練・就労に関する評価を把握、勘案した上で支給決定を行います（いずれも成人の場合）。

また、市町村に利用希望があることを申し出た後に市町村が申請者の心身の状況を把握するための**認定調査等**を受けることになります。次いで**サービス等利用計画案（障害児支援利用計画案）の作成**と提出により本人の意向や利用するサービスの種類や量、支援の方針などが明確化され、市町村の支給決定の根拠となります。

サービス等利用計画（障害児支援利用計画）

支給決定にあたっては、相談支援専門員が作成するサービス等利用計画案・障害児支援利用計画案（以下、「計画案」という）が市町村の支給決定の根拠となります。この計画案を作成する過程において、相談支援専門員から「**二次アセスメント**」を依頼される場合があります。いわゆる専門家によるアセスメントで、相談支援専門員の依頼によって実施されます。二次アセスメントにかかわった専門家は、その結果をまとめて報告書を作成し、相談支援専門員に提出し、サービス担当者会議等で報告を行います。

支給決定プロセス図

■支給決定プロセス

支給決定時から
ケアマネジメントを実施

一定期間ごとの
モニタリング

受付・申請 → 介護給付 → 障害支援区分の認定 → サービス等利用計画案の作成 → 支給決定 → サービス担当者会議 → 支給決定時のサービス等利用計画の作成 → サービス利用 → 支給決定後のサービス等利用計画の作成

訓練等給付

認定調査等とは

　認定調査は市町村職員または市町村から委託を受けた認定調査員があらかじめ日程調整を行った上で申請者の心身の状況や環境面等、80項目について調査を行い、市町村が設置する認定審査会を経て障害支援区分が認定される

　なお、児童の場合は概況調査として5領域11項目等の調査が行われ個別サポート加算の該当等の認定がされる

	項　目	
1	食　事	
2	排　泄	
3	入　浴	
4	移　動	
5	行動障害および精神症状	(1) 強いこだわり、多動、パニック等の不安定な行動や、危険の認識に欠ける行動
		(2) 睡眠障害や食事・排泄に係る不適応行動（多飲水や過飲水を含む）
		(3) 自分を叩いたり傷つけたり他人を叩いたり蹴ったり、器物を壊したりする行為
		(4) 気分が憂鬱で悲観的になったり、時には思考力が低下する
		(5) 再三の手洗いや繰り返しの確認のため日常動作に時間がかかる
		(6) 他者と交流することの不安や緊張、感覚の過敏さ等のため外出や集団参加ができない。また、自室に閉じこもって何もしないでいる
		(7) 学習障害のため、読み書きが困難

02

ケアマネジメント

▶ 障害者ケアマネジメント

　障害福祉従事者として**障害者基本法第3条**にある、すべての障害者は、個人の尊厳が重んぜられ、その尊厳にふさわしい処遇を保障される権利を有するものとすること、すべての障害者は、社会を構成する一員として社会、経済、文化その他あらゆる分野の活動に参加する機会を与えられるものとすることは念頭におくべき基本理念です。

　この理念を実現するため、「利用者が地域社会による見守りや支援を受けながら、地域での望ましい生活の維持継続を阻害するさまざまな複合的な生活課題（ニーズ）に対して、生活目標を明らかにし、課題解決に至る道程を明らかにして、地域社会にある資源の活用・改善・開発を通して、総合的かつ効率的に継続して利用者のニーズに基づく課題解決を図っていくプロセスとシステム」が**障害者ケアマネジメント**です。

　障害者ケアマネジメントのプロセスは構造化されており、いくつかの過程が順序立てて行われます。障害者ケアマネジメントの導入にあたっては、地域の社会資源やケアマネジメント等に関して情報を提供し、障害者の主体性や自己決定を尊重することが重要です。

▶ 障害者ケアマネジメントの原則と基本理念

　障害者ケアマネジメントの原則と基本理念、過程図を**右図**で示しています。このような原則・基本理念を踏まえ、システムとして機能させるべくチームによる支援を展開していく必要があり、**サビ管・児発管はこのチーム支援の中核を担う役割**があります。

障害者ケアマネジメントの基本　図

五つの原則

① 利用者の人権への配慮
② 総合的ニーズ把握とニーズに合致した社会資源の検討
③ ケアの目標設定と計画的実施
④ 福祉・保健・医療・教育・就労等の総合的サービスの実現
⑤ プライバシーの尊重

五つの基本理念

① ノーマライゼーションの実現に向けた支援
② 自立と社会参加の支援
③ 主体性、自己決定の尊重・支援
④ 地域における生活の個別支援
⑤ エンパワメントの視点による支援

障害者ケアマネジメント

相談窓口
①ケアマネジメントの希望の確認

⬇

②アセスメント
・ニーズ把握
・ニーズを充足する方法の検討
・社会資源の検討

⬇

③ケア計画の作成

⬇

④ケア計画の実施

⬇

⑤モニタリング

⬇

⑥終　了

再アセスメント

社会資源の改善および開発

・地域の社会資源の把握
・地域の社会資源の連携づくり
・障害者、障害者団体へのはたらきかけ
・地域、地域住民へのはたらきかけ
・行政機関等へのはたらきかけ

03 個別支援計画

個別支援計画とは

個別支援計画（児童発達支援計画を含む。以下、「個別支援計画等」という）とは、**「サービス等利用計画」**（➡ P.124）に基づき、サビ管・児発管が事業所を利用する利用者等（児も含む）の意向、利用者等の適性、障害の特性等を踏まえ、提供するサービスの適切な支援内容等について検討して作成し、説明と同意を得る必要があるものです。つまり、個別支援計画等は事業所を利用する一人ひとりへのサービス提供の根幹をなすものであり、**「サービス提供のプロセス管理」**の基盤となるものといえます。

なお、個別支援計画等を作成せずに支援を提供した場合は報酬が減額されます。

個別支援計画等の内容等

個別支援計画等の項目としては「利用者及びその家族の生活に対する意向」「総合的な支援の方針」「生活全般の質を向上させるための課題」「支援の目標及びその達成時期」「支援を提供するうえでの留意点」等があげられます。その各項目の内容については必然的に個別的でかつ具体的なものになります。また、個別支援計画等の内容については利用者等に説明と同意を得ることが必要ですので、利用者等の意思が反映された計画内容であること以外に、**わかりやすさへの配慮等（具体化や平易な表現など）を含め「確かにこれは自分の計画だ」と感じてもらえるような内容**にする必要があります。

そのためにも**意思決定**や**ストレングス**の活用等が欠かせません。さらに**個別支援計画等は利用者等とともに変化し成長していくツールである**ということも重要な視点です。

支援の質を高めるサイクル　図

個別支援計画による支援（PDCAサイクル）

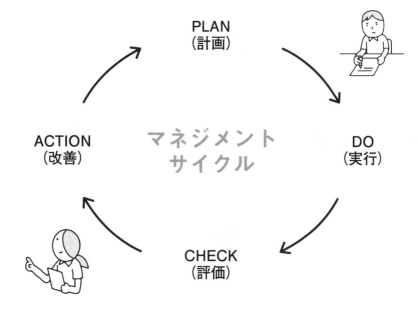

マネジメントサイクル

PLAN（計画）

DO（実行）

CHECK（評価）

ACTION（改善）

「PDCAサイクル」とは、さまざまな分野・領域における品質改善や業務改善などに広く活用されているマネジメント手法で、「計画（Plan）」「実行（Do）」「評価（Check）」「改善（Action）」のプロセスを順に実施していくものです。

業務を進めていく上で、計画を立て、それを実行し、結果を評価した後、改善して次のステップへとつなげていく過程は、支援の質を高めていく上で重要となります。

04

インテーク

初回面接としてのインテーク

インテークとは、初回面接や受理面接などと訳され、サビ管・児発管が行うサービス提供プロセスの**最初に行われる過程**です。

支援現場での流れとしては、①サービス利用希望者等から打診を受けてインテークが始まり、②事業所の事業内容や状況等を説明、紹介した上で、③より具体的に検討を行うために、インテークが進んでいくパターンが多いのではないでしょうか。

目的と留意点

インテークでは利用希望者等の希望する生活の実現に向けて、事業所の利用が必要だと双方が合意することが最初の目的となります。すでに担当の相談支援専門員がいる利用希望者等であれば、事前にその相談支援専門員から利用希望者等の同意を得て基本情報が提供される場合もあります。しかしながら、そうした場合であっても利用希望者等との面接において、**改めて希望する生活や基本情報を確認することは大変重要**です。

また、インテークの目的の一つに信頼関係の構築があります。したがって、**守秘義務**について説明し、提供された情報が守られることを伝えることや面接の趣旨、要する時間の目安等を伝え、利用希望者等の不安や緊張等に配慮し、できるだけ**個別化**して**傾聴**を行うことが求められます。この個別化は大変重要なポイントです。人は誰でも尊厳ある個人として遇されることを望みます。意識、無意識にかかわらず年齢や性別、障害種別や疾病等で類型化してしまわないように留意しましょう。このように個別化の原則をはじめとした「**バイステックの7原則**」は基本となるものです。ぜひ参考にしてください。

バイステックの7原則

1
個別化の
原則

2
意図的な
感情表現の
原則

3
統制された
情緒関与の
原則

4
受容の原則

5
非審判的態度
の原則

6
自己決定の
原則

7
秘密保持の
原則

インテークの結果、必ずしも自事業所の
利用につながらない場合もあります。そ
の際には関係機関の紹介等を行う等の
フォローも必要です。

利用希望者等

信頼関係づくり

サビ管・児発管

バイステックの7原則

05

アセスメント

▶ 情報の入手と整理・分析

アセスメントは、評価・査定などと訳され、支援を行う上で必要な個別支援計画を作成する前に、**利用希望者等から必要な情報を入手し、整理・分析を行う過程**のことです。

インテークで得られた基本情報だけでなく、より本人の利用ニーズに沿った支援提供を行うためにさらなる情報収集が求められます。

アセスメントは、①利用希望者等に直接行うもの、②利用希望者等の同意を得て専門機関等に行うものとがあり、②を二次アセスメントとして実施する場合があります。

▶ 目的と留意点

アセスメントは制度上も明確化されています。例えば「障害者の日常生活及び社会生活を総合的に支援するための法律に基づく指定障害福祉サービス事業等の人員、設備及び運営に関する基準」（平成18年厚生労働省令第171号）の第58条では「適切な方法により、利用者について、その有する能力、その置かれている環境及び日常生活全般の状況等の評価を通じて利用者の希望する生活や課題等の把握」を行うことをアセスメントとしています。この適切な方法とは、趣旨を説明し同意を得た上での利用希望者との面接や関係機関からの情報収集等であり、利用希望者等の希望や意思、また利用ニーズの再確認やさまざまなストレングス、あるいは当面の課題等の情報を入手し、構造的に整理・分析を行い、個別支援計画作成における根拠を明らかにしていく過程になります。

アセスメントは必要に応じて実施していくべきものであり、二次アセスメントについては事業所の利用希望者等について専門機関等に情報提供を求めるだけでなく、適切な情報提供が行えるように備えておくことも必要でしょう。

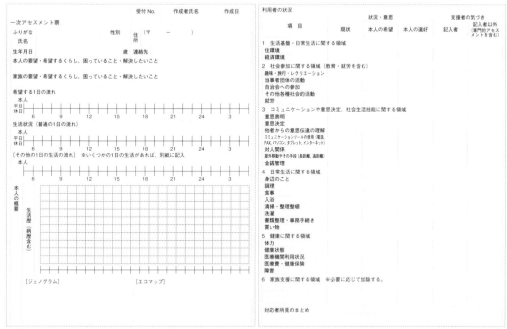

必要な情報の整理・分析を行う　図

第1章　サビ管・児発管とは

第2章　障害福祉の基本的理念や考え方

第3章　支援をかたちづくる

第4章　事業所内での協働

第5章　地域とつながる・地域をつくる

アセスメントツール（例）

一次アセスメント票

受付 No.　　作成者氏名　　作成日

ふりがな　　　　　　　性別　　住（〒　―　　）所
氏名
生年月日　　　　　　　歳　連絡先
本人の要望・希望するくらし、困っていること・解決したいこと

家族の要望・希望するくらし、困っていること・解決したいこと

希望する1日の流れ
本人
平日
休日
6　9　12　15　18　21　24　3

生活状況（普通の1日の流れ）
本人
平日
休日
6　9　12　15　18　21　24　3

[その他の1日の生活の流れ]　※いくつかの1日の生活があれば、別紙に記入
本人
6　9　12　15　18　21　24　3

本人の概要

生活歴（病歴含む）

[ジェノグラム]　　　　[エコマップ]

利用者の状況

項　目	現状	状況・意思 本人の希望	本人の選好	記入者	支援者の気づき 記入者以外（専門的アセスメントを含む）
1　生活基盤・日常生活に関する領域					
住環境					
経済環境					
2　社会参加に関する領域（教育・就労を含む）					
趣味・旅行・レクリエーション					
当事者団体の活動					
自治会への参加					
その他各種社会的活動					
就労					
3　コミュニケーションや意思決定、社会生活技能に関する領域					
意思表明					
意思決定					
他者からの意思伝達の理解					
コミュニケーションツールの使用（電話、FAX、パソコン、タブレット、インターネット）					
対人関係					
屋外移動やその手段（長距離、遠距離）					
金銭管理					
4　日常生活に関する領域					
身辺のこと					
調理					
食事					
入浴					
清掃・整理整頓					
洗濯					
書類整理・事務手続き					
買い物					
5　健康に関する領域					
体力					
健康状態					
医療機関利用状況					
医療費・健康保険					
障害					
6　家族支援に関する領域　※必要に応じて加除する。					

対応者所見のまとめ

出典：日本相談支援専門員協会監、小澤温編「障害者相談支援従事者研修テキスト 初任者研修編」中央法規出版、2020年、P.301～304

アセスメントは継続的に行う

アセスメントは情報収集と整理・分析

ニーズ整理票（例）

ニーズ整理票

	インテーク		アセスメント			プランニング
		情報の整理（見たこと、聴いたこと、データなど：事実）	理解・解釈・仮説（作成者のとらえかた、解釈・推測）	理解・解釈・仮説②（専門的アセスメントや他者の解釈・推測）	支援課題（支援が必要と作成者が思うこと）	対応・方針（作成者がやろうと思うこと）

本人の表明している希望・解決したい課題

（作成者の）おさえておきたい情報

本人

生物的なこと

心理的なこと

社会性・対人関係の特徴

環境

今回大づかみにとらえた本人像（100文字程度で要約する）

出典：近藤直司「医療・保健・福祉・心理専門職のためのアセスメント技術を高めるハンドブック 第2版――ケースレポートの方法からケース検討会議の技術まで」明石書店、2015年、P.42を一部改変により作成

06

個別支援計画作成

▶ プランニング

　アセスメントの後は、インテークで聞き取った利用希望の確認と受理を行い、アセスメントで明らかになった利用ニーズと構造的に整理されたさまざまな情報を基に、**プランニング**していく段階＝個別支援計画等の作成段階へと移行します。

　個別支援計画の作成にあたっては「障害者の日常生活及び社会生活を総合的に支援するための法律に基づく指定障害福祉サービス事業等の人員、設備及び運営に関する基準（平成18年厚生労働省令第171号）」の第58条で、サービス管理責任者は、①アセスメントおよび支援内容の検討結果に基づき原案を作成すること、②計画作成に係る会議を開催し、原案の内容について意見を求めること、③原案について利用者またはその家族に対して説明し、文書による同意を得ること、④当該計画を利用者に交付しなければならない、とされています。

▶ 目的と留意点

　個別支援計画原案の作成を行うにあたっては、**①利用者等の立場から考える、②支援者の立場から考える、③施設管理者の立場から考える、という三つの視点が必要**といわれています。①は利用者等の意向が反映され、計画実施の意欲が喚起される、②は支援の目的・方法の共有化がなされ、高いレベルで均質化された支援が提供できる、③は事業所の支援の質的向上が期待できる、という効果が期待されます。

　つまり、個別支援計画等は利用者等にとっても、支援を提供する支援者にとっても事業所を管理運営する立場からも重要ですし、関係機関との連携の際にも自事業所がどのような役割を担っているのかを説明するのに十分なツールとなります。

プランニングのプロセスと重要な視点 　図

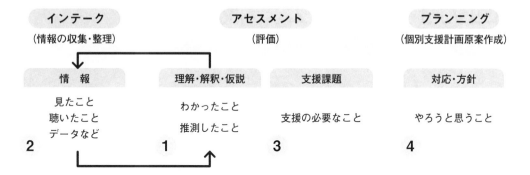

個別支援計画原案作成までの流れ

インテーク	アセスメント	プランニング
（情報の収集・整理）	（評価）	（個別支援計画原案作成）

情　報	理解・解釈・仮説	支援課題	対応・方針
見たこと 聴いたこと データなど	わかったこと 推測したこと	支援の必要なこと	やろうと思うこと
2	**1**	**3**	**4**

出典：近藤直司「医療・保健・福祉・心理専門職のためのアセスメント技術を高めるハンドブック　第2版──ケースレポートの方法からケース
　　　検討会議の技術まで」明石書店、2015年

三つの視点

利用者等の
立場

俯瞰的に見ること
が大切ですね。

三つの
視点

施設管理者の
立場

支援者の
立場

07

個別支援会議

▶ 計画作成にあたって求められる会議

前項06（➡ P.42）でふれた個別支援計画の作成同様、児童発達支援計画作成についても「児童福祉法に基づく指定通所支援の事業等の人員、設備及び運営に関する基準」（平成24年厚生労働省令第15号）の第27条に規定されており、児童発達支援管理責任者は、①アセスメントおよび支援内容の検討結果に基づき児童発達支援計画の原案を作成すること、②計画作成に係る会議（**個別支援会議**）を開催し、原案の内容について意見を求めること、③原案について通所給付決定保護者および障害児に対して説明し、文書による同意を得ること、④当該計画を通所給付決定保護者および障害児に交付しなければならない、とされています。

▶ 目的と留意点

ここでは、個別支援会議に焦点をあてます。個別支援計画および児童発達支援計画は事業所を利用する一人ひとりのサービス提供の根幹をなす重要なものです。したがって、個別支援計画等はサビ管・児発管だけが作成するのではなく、**原案を作成した上で自事業所の支援員等に個別支援会議を開催して意見を求め、その意見を反映させて事業所として個別支援計画等を作成する**、という過程を踏む必要があります。

この過程をふまえることにより、サービス提供の担い手である支援員等に計画の内容を周知することや支援員等への教育的効果が見込まれるだけでなく、多数の視点で確認することで、計画の質が高まることも期待されます。

また、説明責任を果たす観点から、①原案、②個別支援会議、③文書による同意、については**記録化と保存**が必要です。

個別支援会議が重要

サビ管・児発管は会議運営の
スキルも必要になります
（ファシリテーションなど）。

よい会議の効果

新たなアイデアや発想が生まれる

相互理解が進む

凝集性が高まる

学習や成長につながる

過程を共有することで理解が深まる

その他

「納得感」⇒決定したことの推進力につながる
（プロセスの共有⇒責任感（自分ごと））

新たな可能性の広がり

▶ 支援員への教育的効果（情報の整理や構造化、根拠に基づく支援方針の導き出し方等）

08

モニタリング

▶ 次の支援の根拠を明確にする

モニタリングは「観察・記録」と訳されますが、サービス提供プロセスとしては、個別支援計画等に基づき提供したサービスの結果について評価、分析を行い、次の支援の根拠を明確化していく過程となります。「障害者の日常生活及び社会生活を総合的に支援するための法律に基づく指定障害福祉サービスの事業者等の人員、設備及び運営に関する基準」（平成18年厚生労働省令第171号）の第58条において、サービス管理責任者は計画の作成後、計画の実施状況の把握（利用者についての継続的なアセスメントを含む。以下「モニタリング」という。）を行うとともに少なくとも6か月に1回以上、計画の見直しを行い、必要に応じて計画の変更を行うものとするとあります。なお、このモニタリングを実施していない場合は、報酬上の減算対象となります。

▶ 目的と留意点

モニタリングの目的は、より適切な支援の提供にあります。したがって、個別支援計画に記載された時期に応じて、**少なくとも6か月に1回以上行う**こととされています。モニタリングの実施にあたっては、先述の厚生労働省令により、①定期的な利用者との面接、②定期的なモニタリング記録が求められています。サビ管・児発管は単に支援目標の達成度合いをみるだけでなく、利用者のニーズが変化していないか、適切に支援が提供されているか、利用者の権利が守られているか等の視点で評価を行います。そのためには日々の支援記録や定期的な面談、必要に応じて関係機関等からの情報収集等も行います。また、定期的に開催される「担当者会議」等への参加もモニタリングの参考になる情報が得られやすいため、情報共有や交換の機会として積極的に活用したいものです。

モニタリングの目的と期間　図

モニタリングの構成要素

次の支援計画
へ反映

本人自身
の評価

事業所の
サービス提供
の評価

職員の
本人の成長や
変化等の評価

モニタリングの主な構成要素は左図のとおり

単に目的の達成度だけでなく
- ●本人の自己評価を大切に
- ●職員から見た本人の成長や変化
- ●事業所のサービス提供の質について点検

これらを複合的に実施し、次の支援計画へと反映させていく

モニタリング実施標準期間確認表

利用しているサービスの内容	標準期間（2020年4月〜）	該当する項目に☑
新規サービス利用者 著しくサービスの内容等に変更があった者	1月ごと 利用開始（変更）から3月のみ	
在宅の障害福祉サービス・障害児通所支援等		
集中的支援が必要なもの	1月ごと	
居宅介護、行動援護、同行援護、重度訪問介護、短期入所、就労移行支援、自立訓練、就労定着支援、自立生活援助、日中サービス支援型共同生活援助	3月ごと	
生活介護、就労継続支援、地域移行支援、地域定着支援、障害児通所支援、共同生活援助（日中サービス支援型を除く）	6月ごと ※65歳以上で介護保険のケアマネジメントを受けていない者は3月ごと	
施設入所等		
障害者支援施設、のぞみの園、療養介護入所、重度障害者等包括支援	6月ごと	

09

意思決定支援

▶ 意思決定支援とは

　「本人さんはどう思うてはるんやろ」は滋賀県にある初代びわこ学園（1963（昭和38）年開設）園長の岡崎先生が職員に残した有名な言葉で障害福祉従事者が大切にすべき心得です。これまでも**「本人中心」「自己決定・自己選択」**等の考え方は障害福祉における基本的な考え方として定着してきました。しかし、自己決定が困難な障害者に対する支援の枠組みや方法等については、必ずしも標準的なプロセスが示されてこなかったことから、2015（平成27）年に「障害福祉サービスの利用等にあたっての意思決定支援ガイドライン（以下、「意思決定支援ガイドライン」という）」が策定されました。

▶ 目的と留意点

　意思決定支援の目的は、日常生活や社会生活等において障害者の意思が適切に反映された生活が送れるようにすることであり、まさに権利擁護につながる重要な支援です。**意思決定支援ガイドライン**では定義や意義、標準的なプロセス、留意点が明確化されています。実施事業の種類や意思表示力の強弱等の利用者の状態にかかわらず、意思決定支援は基本的な支援としてサビ管・児発管は押さえておく必要があります。意思決定支援の基本的な流れは**右図**のとおりです。意思決定支援がサービス提供プロセスと重複していることに気づかれると思います。したがって、サービス提供プロセスの各段階において意思決定の支援に配慮することが私たちの責務です（障害者総合支援法第42条）。

　このような意思決定支援の重要性に鑑み、2020（令和2）年度からは、サビ管・児発管、相談支援従事者研修のメニューとして追加されています。

意思決定が必要な場面
・日常生活における場面　・社会生活における場面

個別支援計画作成手順と構造は変わりません。意思決定支援は特別な支援ではなく、基本的な支援だと考えましょう。

⇩

本人が自ら意思決定できるよう支援

⇩　自ら意思決定することが困難な場合

意思決定支援責任者の選任とアセスメント
（相談支援専門員、サービス管理責任者兼務可）

●本人の意思決定に関する情報の把握方法、意思決定支援会議の開催準備等
●アセスメント
　・本人の意思確認　・日常生活の様子の観察　・関係者からの情報収集
　・本人の判断能力、自己理解、心理的状況等の把握
　・本人の生活史等、人的・物理的環境等のアセスメント
　・体験を通じた選択の検討　等

⇧　　　⇩

意思決定支援会議の開催
（サービス担当者会議・個別支援会議と兼ねて開催可）

●本人　●家族　●成年後見人等　●意思決定支援責任者　●事業者
●関係者等による情報交換や本人の意思の推定、最善の利益の判断

　・教育関係者　・医療関係者　・福祉事務所　・市区町村の虐待対応窓口
　・保健所等の行政関係機関　・障害者就業　・生活支援センター等の就労関係機関
　・ピアサポーター等の障害当事者による支援者　・本人の知人　等

⇩

意思決定の結果を反映したサービス等利用計画・個別支援計画
（意思決定支援計画）の作成とサービスの提供、支援結果等の記録

支援から把握される表情や感情、行動等から読み取れる意思と選好等の記録

意思決定に関する記録のフィードバック

10

障害のある人の ライフステージ

ライフステージとは

ライフステージとは、生まれてから死ぬまでの各段階（乳幼児期、学齢期、成年期、壮年期、老年期）のことです。また、人の一生における節目となる出来事（出生、入園、入学、卒業、就職、結婚、退職等のライフイベント）を指すこともあります。

人は誰もが加齢し、各段階としてのライフステージを歩んでいきます。その各ステジにおいて節目となる出来事も迎えます。その人ごとのライフステージについてわかりやすく説明することや一緒に考えていく姿勢も重要です。

ライフステージを見越した支援体制の確立

障害があるために、成年期にある人が児童のように遇されていることはないでしょうか。また、障害があるために参加や学習、就労等の機会に恵まれなかったり、結婚や出産等に強い制限を課せられているようなことはないでしょうか。これらの課題意識は人権擁護の視点からも重要です。

障害福祉サービスも「現在」だけでなく「将来」を見すえた支援が提供できているでしょうか。関係機関連携も「現在」の連携だけになっていないでしょうか。

ライフステージを見すえた支援を考えるとき、さまざまな課題があることを認識し、この課題の軽減や解決に向けて課題提起を行ったり関係機関と協働していく必要性を感じ、動き出したとき、社会が少しずつ変わっていくのかもしれません。

私たちサビ管・児発管にとって関係機関との連携は重要な役割です。ライフステージを見越した支援体制の確立につながる可能性があることを念頭におくと、よりその必要性を感じてもらえるのではないでしょうか。

ライフステージを見越すということ　図

将来を見すえた支援

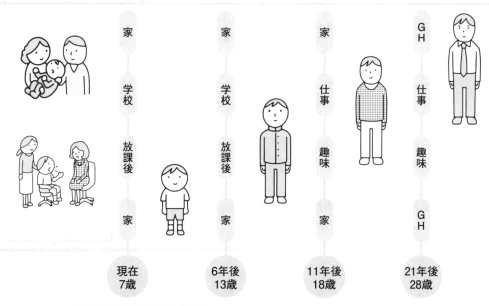

| | 現在
7歳 | 6年後
13歳 | 11年後
18歳 | 21年後
28歳 |

ライフステージを支える縦横連携

● 地域における「縦横連携」のイメージ

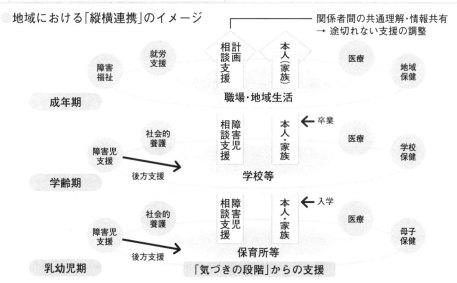

関係者間の共通理解・情報共有
→ 途切れない支援の調整

「気づきの段階」からの支援

11

児童への支援①
三つの支援

▶ 子どものために必要な三つの支援とは？

　一人ひとりの子どもの成長のために必要な支援として、次のような三つの支援があります。「**①発達支援（本人支援）**」とは、子どもの現在の発達状況と障害の特性を適切に評価し、子どもの能力を最大限に発揮していくための子どもへのアプローチです。「**②家族支援**」とは、子どもの興味関心を広げ、子どもの気持ちに共感し、子どもの生活基盤を安定させていくために、まずは家族が子育ての楽しさを共有し、家族が前向きになる助言を示し、家族間同士で交流する機会を提供していくものです。「**③地域連携**」とは、発達支援のために他機関と連携し、地域のチームでより適切な支援を実施することです。また、家庭や通っているところ以外に過ごせる場の選択肢を増やし、子どもが信頼できる人とつながっていく機会をつくり、深めていくことです。

▶ 二つのガイドライン（放課後等デイサービス・児童発達支援）

　放課後等デイサービスガイドラインでは、放課後等デイサービスの基本的役割として、「子どもの最善の利益の保障」「保護者支援」「共生社会の実現に向けた後方支援」と示していますが、これを「発達支援」「家族支援」「地域連携」の視点と解釈することもできます。

　児童発達支援ガイドラインでは、「発達支援」を、本人支援（５領域）と移行支援という二つの視点に分け、それぞれ支援内容を示し、障害別に必要な配慮事項なども示しています。「家族支援」では、単なる家族の支えとなる活動だけではなく、「気づきの促し」「支援の輪を広げるための橋渡し」「祖父母や兄弟姉妹への支援」などの観点も示しています。いずれにしても、二つのガイドラインは何度も見直す機会をつくりましょう。

児童期の支援の全体像　図

第1章　サビ管・児発管とは

第2章　障害福祉の基本的理念や考え方

第3章　支援をかたちづくる

第4章　事業所内での協働

第5章　地域とつながる・地域をつくる

発達支援（広義）の「3本柱」

※発達支援（広義）は、3層構造である

本人支援
子育ち支援

家族支援
親と協働の子育て支援
（親育ち支援）

移行支援
インクルージョン

地域連携
地域連携による支援、地域での生活支援
（地域力向上支援）

本人支援
狭義の発達支援

家族支援
保護者支援
きょうだい支援

地域連携
本人の育ち、進路、生活
随時「移行支援」を意識

「3本柱」は、個別支援計画に盛り込まれるべき視点である

出典：令和4年度サービス管理責任者及び児童発達支援管理責任者指導者養成研修 専門コース別研修 障害児支援講義「児童期における支援提供のポイント」（一般社団法人 わ・Wa・わ 理事長 岸良至氏）資料

発達支援（本人支援）の内容

5領域の設定

（ア）健康・生活
(a) 健康状態の把握
(b) 健康の増進
(c) リハビリテーションの実施
(d) 基本的生活スキルの獲得
(e) 構造化等により生活環境を整える

（イ）運動・感覚
(a) 姿勢と運動・動作の基本的技能の向上
(b) 姿勢保持と運動・動作の補助的手段の活用
(c) 身体の移動能力の向上
(d) 保有する感覚の活用
(e) 感覚の補助及び代行手段の活用
(f) 感覚の特性（感覚の過敏や鈍麻）への対応

（ウ）認知・行動
(a) 視覚、聴覚、触覚等の感覚や認知の活用
(b) 知覚から行動への認知過程の発達
(c) 認知や行動の手掛かりとなる概念の形成
(d) 数量、大小、色等の習得
(e) 認知の偏りへの対応
(f) 行動障害への予防及び対応

（エ）言語・コミュニケーション
(a) 言語の形成と活用
(b) 受容言語と表出言語の支援
(c) 人との相互作用によるコミュニケーション能力の獲得
(d) 指差し、身振り、サイン等の活用
(e) 読み書き能力の向上のための支援
(f) コミュニケーション機器の活用
(g) 手話、点字、音声、文字等のコミュニケーション手段の活用

（オ）人間関係・社会性
(a) アタッチメント（愛着行動）の形成
(b) 模倣行動の支援
(c) 感覚運動遊びから象徴遊びへの支援
(d) 一人遊びから協同遊びへの支援
(e) 自己の理解とコントロールのための支援
(f) 集団への参加への支援

12

児童への支援②
フォーマルアセスメント

▶ 心理検査の目的

　「**心理検査**」とは、「発達検査」「知能検査」「人格検査」等、知的・発達段階や性格傾向などを測定、把握するために行う検査の総称です。児童期における主な検査は、子どもの知的な面での成長を調べていくための検査です。検査を受けることによって、何の障害かがわかると誤解しているご家族の方もいらっしゃるのですが、心理検査によって得られた情報を参考にして、多くの医師は診断しているのであり、心理検査の結果はあくまで子どもの状態を知る一部の情報でしかありません。

　検査結果の数値だけで、子どものことを理解できるわけではありません。どのような検査項目において、子どもがどう反応したのか、一つひとつの検査の実施前後でどのような様子を見せていたかを知ることにより、子どもが見ている世界、もののとらえ方や情報の整理の様子などを推測していくことができます。

▶ フォーマルなアセスメントとは？

　フォーマルなアセスメントとは、一般には、数多くのデータを取り、平均値を基にして比較できるよう開発された検査のことを指し、その検査結果は、どの地域においても共通して子どもを評価する重要な情報の一つとしていくことができます。一方、**インフォーマルなアセスメント**は、子どもの全体像を把握することを目的に開発された評価表など、現場の実態や支援の目的に合わせて作成されたものもあります。

　公的な障害福祉サービスを利用するときに必要な受給者証は、地域の障害福祉関係行政が認めている機関の心理検査の結果を根拠として交付できることを、児発管は知っておきましょう。

児童期における代表的な心理検査（発達・知能検査）

検査名	検査の適応年齢
ウェクスラー式知能検査（WPPSI-Ⅲ、WISC-Ⅳ、WISC-Ⅴ）	5歳0か月〜16歳11か月 （WPPSIは2歳6か月〜7歳3か月）
田中ビネー知能検査Ｖ	2歳0か月〜成人
K-ABC心理・教育アセスメントバッテリー（K-ABCⅡ）	2歳6か月〜18歳11か月
新版K式発達検査	0歳〜成人
遠城寺式乳幼児分析的発達検査法	0か月〜4歳8か月
津守式乳幼児精神発達診断法	1歳〜7歳
新版S-M社会生活能力検査	乳幼児〜中学生
KIDS（キッズ）乳幼児発達スケール	0歳1か月〜6歳11か月
M-CHAT（乳幼児期自閉症チェックリスト）	3歳以上の小児
CARS2（小児自閉症評定尺度）	2歳以上

日々の支援における発達アセスメントの例

急に近くにいる子を押し倒そうとした〜絵本の読み聞かせをしていた
興味をもって聞いていたのだが、突然前に座っていた子を「見えない！」と言って押し倒した。絵本は、よく見える位置であったはずで見えなかったわけではない

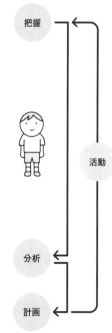

把握

活動

発達段階による因子

特別支援学校小学部5年生。学校には毎日元気に通っている

身体的には年齢並みの体格。生活面は、声をかけていけばできることは多い

見本を見て簡単なものなら同じものを作ろうとする。発語は一語文で要求を示す

障害特性による因子

発達年齢2歳10か月。言語面は2歳前半

直線的な並びは、見本図どおりに構成できる

自転車に乗れる。周りは見ていない

平仮名、カタカナの読字は可

前庭覚を感じにくいタイプ

うれしいときも跳びはねたり走り回ったりする

環境（人、場所、時間）による因子

姉と妹との五人家族。姉の指示はよく通る。休日は父親の部屋でパソコンの動画をよく見ている

妹の友達が家に来ると、そばに寄って遊んでいるのを眺めている

駅に連れて行くと、何時間でもホームで過ごすことができる。エレベーターに何度でも乗りたい様子

関心のある場面の絵を見て、テンションが急に上がったのではないか。また、もっと見たい場面のページをめくっていったことが、「見えない」という発語に結びついていたのではないか

分析

着席させずに立ったまま見せていくか、バランスボールに座らせていく（後方に着席ではなく、立位で見るようにすれば、その場で跳びはねるだけで済むとも考えられる）。また、関心のある絵のときは、本人にページをめくってもらうよう配慮する

計画

13 児童への支援③
児童発達支援センターとの連携

児童発達支援センターの役割

児童発達支援センターは、重度・重複の障害のある子どもたちや、家族へのきめ細かい支援が必要なケースなど、総合的にバランスの取れた質の高い支援を提供していく役割があります。また、地域にある保育園、障害児通所事業所等に対し、具体的で参考となる助言などを提供していく機能も求められています。さらに、地域の子どもの発達や子育てに不安をもつ保護者を、乳幼児健診以降、フォローしていくためのシステムに積極的にかかわり、子どもたちの就学、進級などの移行期においても、子どもの成長に大切な視点を関係機関につないでいく役割も担う立場にあります。

このように**児童発達支援センター**は、地域の障害児支援に関する中核的な機能を担っていくことが求められています。

地域の障害のある子どもたちのために

児童発達支援事業所の児発管は、定期的に児童発達支援センターと情報交換をしていくしくみをつくったほうがよいでしょう。地域に児童発達支援センターがなければ、近隣のセンターと通じておくべきです。**放課後等デイサービス事業所**の児発管も、より高度で専門的な視点や家族支援に関して有益な助言を得ることができると考えていきましょう。そのためにも、地域の（自立支援）**協議会**の児童関連の部会に関与していくことが必要ですし、部会活動がなければ、協働してつくっていきましょう。

地域の障害のある子どもたちを支えていくために、それぞれの関連機関が役割を分担していきましょう。そのことは児発管自身の負担の軽減にも結びついていきます。

子どもを支える地域の体制　図

「特別な支援が必要な子ども」を支える体制

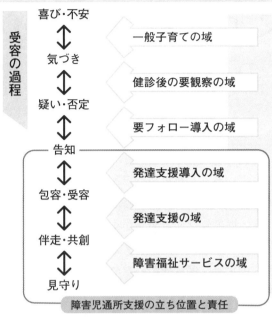

受容の過程

喜び・不安
⇕
気づき　　　一般子育ての域
⇕
疑い・否定　　健診後の要観察の域
⇕
　　　　要フォロー導入の域
告知
⇕
包容・受容　　発達支援導入の域
⇕
伴走・共創　　発達支援の域
⇕
見守り　　　障害福祉サービスの域

障害児通所支援の立ち位置と責任

子育て世代包括支援センター
子ども家庭支援拠点
　子ども・子育て会議
　要保護児童対策調整機関

要保護児童対策地域協議会

自立支援協議会

出典：令和4年度サービス管理責任者及び児童発達支援管理責任者指導者養成研修 専門コース別研修 障害児支援講義「児童期における支援提供のポイント」（一般社団法人 わ・Wa・わ 理事長 岸良至氏）資料を一部改変

地域の支援拠点としての機能

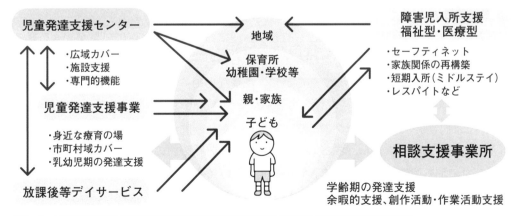

児童発達支援センター
・広域カバー
・施設支援
・専門的機能

児童発達支援事業
・身近な療育の場
・市町村域カバー
・乳幼児期の発達支援

放課後等デイサービス

地域
保育所
幼稚園・学校等
親・家族
子ども

障害児入所支援
福祉型・医療型
・セーフティネット
・家族関係の再構築
・短期入所（ミドルステイ）
・レスパイトなど

相談支援事業所

学齢期の発達支援
余暇的支援、創作活動・作業活動支援

出典：サービス管理責任者及び児童発達支援管理責任者指導者養成研修 児童分野 講義「支援提供の基本姿勢」

14

児童への支援④
保育・教育機関との連携

▶ 保育機関との連携

　利用している子どもが、並行して通園しているところがある場合、その機関同士が連携していくことは、多くの保護者が求めていることです。子どもは過ごしている場所によって、違った姿を見せることがあります。**児発管は、きめ細かくそれぞれの場での子どもの姿とかかわり方を共有していく機会をもつことが大切**です。子どもにとって有効と考えている支援手法を紹介し、その手法の実施を**保育機関**に求めていくことも、ときには必要なことがありますが、連携していく機関の保育方針を充分に受け止めつつ、その現場を混乱させないことに留意していきましょう。

　そうした連携の機会は、児発管から呼びかけていくものと考えてください。一方で、**保育所等訪問支援事業**の利用やその事業との連携を常に意識していくことは大切です。

▶ 教育機関との連携

　日ごとに大きく変化を見せることもある学齢期においては、ときに成長が問題行動としてとらえられてしまうことがあります。子どもの視野の広がりに伴い、嫌いなことが増えたり混乱したりし、体力もつくことで、乱暴な行動に見えることも出てくるものです。自分の体の変化へ戸惑い、異性との違いに気づき、知りたいことも増えてくる中で、例えば性的な興味を抑えていくような指導を行うなど、間違った支援と考えられる対応は決して少なくありません。さらに、家族は子どもの将来への不安がふくらみ、兄弟姉妹のことに悩む時期でもあります。学校の担任だけでなく、特別支援教育コーディネーターやスクールソーシャルワーカー、相談支援専門員などと絡みながら、子どもの生活全体に目を向けて意義のある連携を進めていきましょう。

保育機関との連携における重要なテーマ

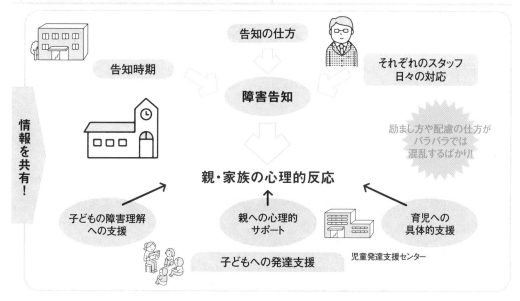

告知の仕方

告知時期

それぞれのスタッフ日々の対応

障害告知

情報を共有！

励まし方や配慮の仕方がバラバラでは混乱するばかり!!

親・家族の心理的反応

子どもの障害理解への支援

親への心理的サポート

育児への具体的支援

子どもへの発達支援

児童発達支援センター

学校の組織図（例）

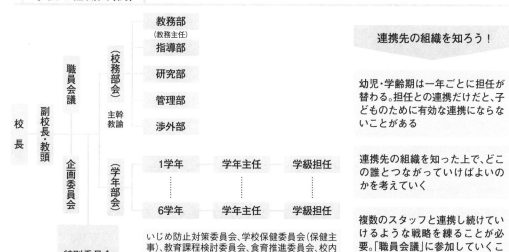

校長

副校長・教頭

職員会議

企画委員会

（校務部会）

主幹教諭

教務部（教務主任）

指導部

研究部

管理部

渉外部

（学年部会）

1学年　　学年主任　　学級担任

︙

6学年　　学年主任　　学級担任

特別委員会

いじめ防止対策委員会、学校保健委員会（保健主事）、教育課程検討委員会、食育推進委員会、校内評価委員会、服務倫理委員会、就学指導委員会、生徒指導委員会、性教育委員会、情報管理委員会、防災委員会、学校予算委員会、業者選定委員会　等

連携先の組織を知ろう！

幼児・学齢期は一年ごとに担任が替わる。担任との連携だけだと、子どものために有効な連携にならないことがある

連携先の組織を知った上で、どこの誰とつながっていけばよいのかを考えていく

複数のスタッフと連携し続けていけるような戦略を練ることが必要。「職員会議」に参加していくことは、連携の目標になる

15

児童への支援⑤
医療機関との連携

▶ **児童期における医療機関とは？**

　一人ひとりの子どもが関係する医療機関は、一つとは限りません。①子どもの障害を診断した機関、②子どもの障害に関して現在診療を受けている病院、③風邪など日常的に受診している、小児科・眼科・耳鼻科・歯科・整形外科・リハビリテーション科といった病院について知っておきましょう。①②③は、重複する場合もあるのですが、少なくとも年に１回は、通院している機関に変わりはないかを確認しておきたいものです。

　①について、診断を受けた際の医師からの話の内容と、そのときどう受け止めたのかを保護者から聞かせてもらいます。②については、受診のたびにその内容を教えてもらいます。③については、受診の際に保護者が工夫していること、苦労していることを確認していきます。確認していくのは事業所の担任で、その記録のチェックを児発管が行います。

▶ **連携する際に留意したいこと**

　児発管として配慮すべきことは、医療機関からの説明を保護者からの伝達により聞くことが多いことです。伝達ですから、医療機関が伝えたかったことと、保護者の受け止めにズレが生じることもあると意識しておきましょう。**必要に応じて、保護者の承諾を得た上で、児発管から直接担当医師等に確認していくことは大切**です。

　また、医療機関は子どもの日常生活における配慮点について、適切な情報をしばしば丁寧に示してくれることがあります。病院勤務の作業療法士や言語聴覚士や看護師等も含めて、関係者との連携会議に参加の意欲をもつ医療関係者は多いものです。忙しくしているのではないかという遠慮や気遣いをせず、児発管から積極的に声をかけていく姿勢をもちましょう。

子どもが関係する医療機関とは

子どもの障害を診断した機関

子どもの障害に関して現在診療を受けている病院

病気のときのかかりつけの病院
小児科・眼科・耳鼻科・歯科・整形外科・リハビリテーション科など

子どもの状態を理解した歯科や耳鼻科の病院探しに苦労している保護者は多くいます。
どの病院を受診していけばよいのかを、児発管は家族と一緒に考えていくようにしましょう。

医療機関との連携の際に留意すること

子どもの暮らし（生活の質）を充実させていくための連携であることに気をつける　→　誰のために、何のために情報を共有したいのかを明確にする　→　どんなときに、どのような医療的な配慮が必要なのかを確認していく

誰がいつ、どこで、何を支援していくのかを一つひとつ確認する　→　それを実施すると、子どもの生活の幅や選択肢が増えていくことになるのかをチェックする

児発管が気をつけたいこと

○医療機関を紹介していくことはあっても、服薬を勧める立場ではないこと
○治療方針について、担当医師に直接確認していくこと
○保護者が受診時に苦慮していることを知り、子どもへの接し方を一緒に考えよう

16

児童への支援⑥
実践事例（放課後等デイサービス）

▶ 1 　事例のテーマ

放課後等デイサービス事業所
ひなみさん（小学４年生・自閉スペクトラム症）の進学に向けた
支援

▶ 2 　事例概要

　ひなみさんは、４人家族で、２歳下の弟がいます。特別支援学級に在籍しています。小学３年生のときに、学校で同じクラスの子ども（小学３年生から普通学級より編入）とほぼ毎日けんかをするようになり、ストレスの発散ができるよう、週２日、Ｋ放課後等デイサービスの利用を始めました。

　ひなみさんは１対１でのおしゃべりを楽しむことができます。自分が思っているとおりにならないとイライラし始め、周りにいる人に責任を押しつけるところがあります。本を読むことは好きで、近頃は感染症に関する本を、「なるほどね！」「これで大丈夫なんだ！」などと独り言を言いながら読んでいるそうです。五味太郎さんの「じぶんがみえない」「とりあえず　ごめんなさい」や、ヨシタケシンスケさんの絵本は愛読書で、何度も笑いながら読み返し、モヤモヤした気分になったときなどに読むと気持ちが落ち着くようです。

　算数や理科のテストは90点以上の点数です。読みづらい字を書き、答えは合っていても正解とされなかったときは、帰宅後に

担任の先生を罵倒する言葉を連発することもあります（教科のテストは普通学級で受けています）。

　利用しているK放課後等デイサービスでは、少人数でのゲームを行うときなどは、ひなみさんがイライラし始めそうな場面に、どうすればよいのかを一緒に考えていくので、いつも楽しく参加できています。

　母親の話では、進級するたびに特別支援学級に籍をおくことを学校からは勧められてきており、5年生でも特別支援学級で過ごすことが決まっています。K事業所の児発管は、高校、さらにその後の進学のことを考えると、6年生からは普通学級に籍をおくことも選択肢の一つになるのではないかと考えました。5年生の2学期までに、話し合いの場を何度ももつ必要があるのではないかと、1月に行った両親との面談で提案しました。

▶ 3　この事業・事例での児発管の役割

　利用開始した当初の主訴は、学校でのトラブルが多くなり、ひなみさんが気分転換できる場として利用したいということでしたので、まずは喜んで通所できることを児発管としては目指してきました。ひなみさんと接していくうちに、臨機応変に対応していく力は弱いものの、助言したことを次の同じ場面では対応できることがよくあること、気持ちをコントロールできることは着実に増えていることがわかってきました。5年後（中学校卒業）を視野に入れて、普通学級での生活も改めて選択肢に入れていきたいと思いました。

　そこで、直接支援をしていく職員に、ひなみさんが実際に困っていることや求めていることを整理してみることを指示しました。

　また、両親と話し合う機会を5年生の2学期までに多くもつことを計画しました。必要に応じて、学校との連携やほかの関連機関の意見の収集にも努めていくことにしました。

▶ 4　支援プロセスに合わせた仕事の内容

①アセスメント

　ひなみさんの3月の個別支援計画作成に向けて、2か月かけてひなみさんの発達の評

価を見直すことにしました。事業所で実施しているセッションでは、配慮があるからなのか特に問題はないのですが、学校生活においてどのような場面でトラブルが起きやすいのか、そもそもどんな力が身につけば、ひなみさんに役立つのか、また自信につながるのかを考えてみることにしたのです。

　これまでも「社会性のスキルを身につける」ために、「相手を傷つける言葉を言わずに、勝ち負けのあるゲームを楽しんでいく」「思いどおりにならなくなったときに、一緒に考える経験をもつ」ということを目標に掲げてきました。そうした目標に近づいていくひなみさんの姿に満足し、この調子で支援を実施していけばよいと職員は考えていました。しかし、児発管から、「その目標は、ひなみさんが求めていることなのか？」「ひなみさんは、事業所で体験していたから、役に立ったと感じているのか？」と問われて、答えられる職員はいませんでした。そのため、改めてひ なみさんが困っていることは何か、どんなことを行うことがひなみさんの自信につながるのかを考えていくことにしました。

②個別支援計画作成

　２か月かけてアセスメントしてきた情報を基に、今回は職員全員で話し合う機会ももちました。いつもなら児発管と担当している職員が話し合いを重ねて支援計画を作成していきますが、中学や高校進学、高校卒業後の選択肢や、子どもたちがどのような成人期を送ることになるのかを共有するために、ひなみさんのことを一緒に考えていくことは大切な機会となると、児発管は考えました。職員たちに、進学や卒業といった重要な移行期に向けて、早くから準備していくことも必要であることに気づいてほしいと思ったからです。

③個別支援会議

　個別支援計画を作成し、その内容を本人と両親に説明し、支援の方向性と内容を理解していただくために、個別支援会議を行いました。会議に先立って、ひなみさんには５年生になって事業所で実施していきたいことを説明しました。「Ａちゃんとは遊びたくないです」「ママとじゃなくて、１人で通いたい」「○○のゲームで私がずっと勝ちたい！」と言っていました。その後、次年度の個別支援会議はこれまで以上に重要な会議であると位置づけ、いつもより時間をかける必要があること、両親が参加できること、担当の相談支援専門員も参加することとし、日程調整をしました。

④関係機関との連携

　個別支援会議で個別支援計画の内容について了承を受けましたが、
そのときに5年生の12月までは、計6回の個別支援会議を行うこと
にしました。そのうち1回（5月）は、昨年に受けた発達検査を実施した機関の心理判
定員を交えて話し合い、そのうち2回（7月・10月）は、教育委員会、特別支援学級
担任（特別支援教育コーディネーター兼任）、教務主任か教頭先生を交えた会議を予定
しており、そのための調整を児発管が行うことにしました。さらに、10月の会議まで
には、ひなみさんが普通学級で1日過ごす体験をもてるよう、児発管は両親と一緒に、
4月中に学校に行くことにしました。その際、5年生における1年間の会議スケジュー
ルと、会議ごとの目的を、児発管から学校に示して理解を求めることにしました。

⑤現場の職員の人材育成（スーパービジョン）

　ひなみさんのケースを通して、大きなテーマとしては「子どもたちの未来に向けて、
いつ、何を、どう支援していくか？」を考える機会としました。中目標としては、「移
行期に向けての準備について知っていこう」とし、事例の担当者においては、「事業所
での支援は、トラブルを起こさずに、楽しく過ごしてもらえばよいというわけではない
ことに気づいていく」ことを目標としました。

▶ 5　まとめ

　子どものストレスを軽減し、集中できることを増やし、できることを増やしていくだ
けでは、自己肯定感、達成感、生きていることへの喜びに結びつくわけではありません。
子どもの困り感に寄り添い、その解決や問題の低減、改善を目指してばかりでは、「こ
うならないように」といった目標の設定に視点が行きがちです。

　決して子どもは求めていないことを、支援者が求めていることは少なくないと思いま
す。子どもを常に主人公にして考えていくと、大して意味のない支援目標を掲げている
ことは多いものです。事例を通して、そうしたことを児発管は職員に伝えていくことが
必要です。また、進路の選択肢を広げていく試みは、子どもを取り巻く人たちの支援の
質の向上に結びつき、子どもの幸せに近づいていくと児発管は常に意識しておきたいも
のです。

17

就労支援①
職業的アセスメントの活用

▶ 職業的アセスメントとは

職業的アセスメントは、職業という観点から包括的に実施されるアセスメントになります。就労系障害福祉サービスの領域では、「就労アセスメント」という言葉が用いられていますが、これは主に就労継続支援Ｂ型事業の利用希望者に対して就労移行支援事業所などが行う就労面のアセスメントのことを指しています。職業的アセスメントは、この就労アセスメントも含め、**就労支援の実践現場において広範に用いられるアセスメントを包括した内容**をさします。

▶ 職業準備性とアセスメントの方法

職業準備性とは、「職業生活に必要な個人的な諸能力が用意されている状態」といわれるものです。一般就労をする上では、**仕事に関連するスキルだけではなく**、あいさつや身だしなみ、十分な睡眠、さらには働くことへの意欲といったことなどが重要になります。職業準備性のピラミッド（**右図**）は、そのような要素を全体的、階層的に示したものです。それをふまえながら、アセスメントや支援計画を検討していくとよいでしょう。

アセスメントの方法としては、フォーマル・インフォーマルとさまざまなものがあり、その一つに**ワークサンプル幕張版**（Makuhari Work Samples（以下、「MWS」という））があります。これは「事務作業」「OA作業」「実務作業」の三つの作業領域に分類し評価するツールで、主に障害者就業・生活支援センターや就労移行支援事業所などで実施しています。実際の仕事を想定しながら作業上の特性や得意・不得意の把握などをするために、有効なアセスメントツールの一つとなります。

職業的アセスメントと職業準備性　図

職業的アセスメントの内容

抽象的 ← 面談 / 標準化検査 / 職務分析 / ワークサンプル / 模擬的就労 / 現場実習 → 具体的

観察評価

出典：前原和明編著「就労系障害福祉サービスにおける職業的アセスメントハンドブック」2021年、P.1

職業準備性のピラミッド

職務の遂行
作業スピード・作業の正確さ・作業指示理解・新たな職務の習熟・仕事に対する飽き・数や文字の理解のレベル・PCリテラシー・など

職業生活の遂行
障害の受容・就労意欲の表明・あいさつ・コミュニケーションスキル・職場のルールの理解と徹底・遅刻の伝達・休暇のとり方・勤勉さ・など

日常生活の遂行
主な健康／生活の管理者・身だしなみ・経済的な状況と収入の希望・自分で管理する金額・余暇・交友関係・通知文書の管理・など

疾病・障害の管理
通院と服薬管理・睡眠リズムと起床・食生活と栄養状況・入浴と衛生管理・不調時の対応・働ける労働時間・など

出典：前原和明編著「就労系障害福祉サービスにおける職業的アセスメントハンドブック」2021年、P.8

仕事のスキルだけではなく、健康面や日常生活など、働く上での土台となる課題をとらえておくことも重要です。

18

就労支援②
一般就労への意識

▶ "働く"権利と意義

　障害者権利条約の第27条（雇用及び労働）では、締約国は**障害者が障害のない人と平等に労働に関する権利を有する**ことを認め、その権利が実現されることを保障・促進することを定めています。私たちは、まずはそのような原則を忘れないようにしなければなりません。ただ、どのような仕事に就き、どれだけ所得を得られるかだけではなく、**どれだけやりがいをもって働くかということや、生きがいにつながるかという点も重要**です。"働く"は多様であり、障害福祉サービスを利用する中でも"やりがいや生きがい"につながるような働き方もあるはずです。ですので、私たちは、一般就労を視野に入れつつも、その人の価値観に目を向け、その人が働きがいや生きがいをもてるような支援を心がけていきましょう。

▶ 障害者枠での雇用と法定雇用率

　一般就労には障害を開示（オープン）して働く形と非開示（クローズ）の2パターンがあります。障害者手帳を所持しており、それを開示して働く場合は、障害者枠（オープン）での雇用が可能になります。**障害者枠での雇用においては、法定雇用率が定められており、企業等はその算定にカウントすることができます。**また、障害者雇用の場合は、障害理解や合理的配慮、さらには就労定着に向けた支援が期待できるといえます。ただし、企業によって障害者雇用の経験値や障害理解に差があるという点は留意が必要です。一方、非開示（クローズ）での就労においては、**自分の特性に合った配慮を得ることや、外部の支援者が企業等と連携をしながらサポートしていく**ということが期待しづらくなります。

一般就労と福祉的就労

一般就労（一般企業への就労）

障害者枠　一般枠

⬆ ⬆

就労移行支援事業所

福祉的就労

就労継続支援
A型

雇用契約を結び給料（最低賃金保障）を
もらいながら利用する

就労継続支援
B型

授産的な作業を行い工賃を
もらいながら利用する

障害者枠と一般枠

一般就労

	障害者枠	一般枠
対　象	障害者手帳のある一般就労を希望する人	一般就労を希望する人
障害配慮	あ　り	な　し
定着支援	企業側・本人への支援 必要に応じて医師やほかの支援機関とも連携	本人のみ 必要に応じて医師やほかの支援機関とも連携

※一般枠でも障害を開示（オープン）して働く場合もあります。

19

就労支援③
外部の就労支援機関との連携

▶ アセスメントを深めたい

就労移行支援事業所であれば、独自のアセスメントツールや実施できる環境が整っているかもしれませんが、就労継続支援Ａ型やＢ型事業所の場合は、必ずしもそうはいかないでしょう。しかし、一般就労が当面の目標でない場合でも、障害特性や課題を把握し、個別支援計画を作成していく中で、当然のことながらアセスメントは欠かせません。そのようなときは、障害者就業・生活支援センターや地域障害者職業センターなどに協力してもらいながら、さらに就労に焦点をあてた利用者の特性や強みの理解を深めていくことも有効です。

就労支援に限らず、複数の目で多角的にとらえながら理解していくという視点はとても重要です。そういった観点からも積極的に他機関と連携し、アセスメントを深めていけるとよいでしょう。

▶ 一般就労に向けた支援をすすめていきたい

一般就労に向けては、就労移行支援事業所の利用以外にも、就労継続支援Ａ型やＢ型から一般就労を目指すということも考えられます。特にその場合には、就労支援機関との連携が重要になってきます。まず考えられるのは、障害者就業・生活支援センターとの連携です。前述した**アセスメントでの連携のほか、就労に向けた課題や見通し、さらには個別支援計画の作成において助言をもらうこともできるでしょう。** また、地域障害者職業センターやハローワーク（専門援助部門など）などとの連携も考えられますので、どのような機関とどのように連携をしていけばよいか、そのような点についても障害者就業・生活支援センターに協力してもらいながら進めていくことができるでしょう。

就労支援における連携体制と新たなサービス　図

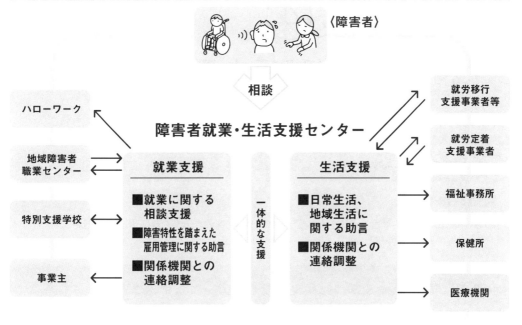

障害者就業・生活支援センター

〈障害者〉

相談

障害者就業・生活支援センター

ハローワーク

地域障害者職業センター

特別支援学校

事業主

就業支援
- ■就業に関する相談支援
- ■障害特性を踏まえた雇用管理に関する助言
- ■関係機関との連絡調整

一体的な支援

生活支援
- ■日常生活、地域生活に関する助言
- ■関係機関との連絡調整

就労移行支援事業者等

就労定着支援事業者

福祉事務所

保健所

医療機関

自立・安定した職業生活の実現

新たなサービス〈就労選択支援〉

就労選択支援の活用の流れ（イメージ）

「障害者の日常生活及び社会生活を総合的に支援するための法律等の一部を改正する法律案の概要」より作成

就労を希望する障害者

就労選択支援サービス
- ●就労アセスメントによる状況の把握と整理
- ●障害者就労に関する情報共有
- ●作業場面等を活用した状況把握
- ●多機関が連携したケース会議による話し合い
- ●アセスメント結果の作成

事業者等との連絡調整

支給決定で勘案

就労系障害福祉サービス
- ・就労継続支援B型事業所
- ・就労継続支援A型事業所
- ・就労移行支援事業所

一般就労

ハローワーク 等
職業指導 等

企業 等

20

就労支援④
実践事例（就労移行支援事業）

▶ 1 事例のテーマ

就労移行支援事業
あきらさん（知的障害・自閉スペクトラム症）への一般就労に向けた支援

▶ 2 事例概要

あきらさんは、25歳男性で、本人、母親、祖母の3人家族です。母親がキーパーソンです。

あきらさんは特別支援学校を卒業後、市内の就労継続支援B型事業所を利用し、主に内職作業に従事していました。利用開始当初は、環境の変化もあってか、欠席や作業に集中できないことが続いていました。慣れてくると次第に力を発揮するようになり、作業スピードや正確性など、とても高い評価を受けていました。そのような状況もふまえ、相談支援専門員やB型事業所が一般就労を提案すると、本人も目指したいという気持ちが芽生えてきました。その後、一般就労に向けて○○就労移行支援事業所にてアセスメントや就労に向けた支援を利用することになりました。

▶ 3 この事業・事例でのサビ管の役割

一般就労に向けて○○就労移行支援事業所では、あらためてサビ管を中心に本人の障

害特性の理解や職業的アセスメントを実施し、それをふまえた個別支援計画を作成します。サビ管は、それをベースにしながら、相談支援専門員や障害者就業・生活支援センターなどとの連携による支援を進めていくための中心的な役割を担います。

▶ 4 支援プロセスに合わせた仕事の内容

①利用を開始した時期

利用開始に向けて利用契約書の作成や相談支援専門員との調整を進めていきました。契約にあたっては、本人と母親と面談し、あらためて利用の意向を確認するとともに、利用契約書の内容や事業所の概要、運営方針などについて説明しました。相談支援専門員から就労移行支援事業や一般就労について事前説明をされていましたが、本人、母親ともに就労移行支援事業についての理解が十分ではない様子だったため、改めて就労移行支援事業所の概要や役割、就労についての選択肢などについて情報提供しました。

②アセスメント

アセスメントでは、まずは以前利用していた就労継続支援B型事業所との情報共有・意見交換や、相談支援専門員のアセスメント内容についての確認から始めました。さらには事業所のアセスメントシートを使って、本人、母親からの聞き取りを行いました。

この段階でのアセスメントでは、特に本人の意向や家族の想いを再確認するとともに、生活歴やこれまでの経験などを中心に把握していくことを意識しました。その上で、就労に向けての「職業的アセスメント」を個別支援計画の記載する支援内容に位置づけ、時間をかけて実施していくことにしました。

③個別支援計画作成

個別支援計画作成にあたっては、相談支援専門員が作成したサービス等利用計画書の総合的支援方針を軸にしながら、本人の意向や課題などを整理し、支援目標や支援内容について原案を作成しました。アセスメントを通して、本人だけではなく母親も含めて一般就労への意欲が高く、収入を増やして自立した生活をしていきたいという気持ちが強いことが確認できました。一方で、一般就労のイメージや理解が十分でないことがわかってきたため、個別支援計画の中に職場見学や体験を複数回設定しました。その点については、相談支援専門員とも共有し、協力して進めていくことにしました。

④個別支援会議

　個別支援会議ではアセスメントの資料や個別支援計画の原案を基に、事業所内でのサービス内容について確認しました。会議には、職業指導員、生活指導員、就労支援員が参加し、サビ管が進行役を務めました。会議の中では、アセスメントと個別支援計画の支援目標や内容にズレがないか、その他スケジュールや役割などについて確認しました。また、サビ管は現場職員が率直に意見を言えるような雰囲気をつくるとともに、エビデンスに基づいた協議ができるように進行していきました。

⑤関係機関との連携

　当面は、相談支援専門員が主催するサービス担当者会議やモニタリングを通して、状況を共有しながら、こまめに支援内容や目標を見直していくようこころがけていきました。また、障害者就業・生活支援センターに協力してもらい、ワークサンプル幕張版（※1）によるアセスメントを実施しました。

　さらに、本格的な職場選定の段階では、障害者就業・生活支援センターに加え、ハローワークにある専門援助部門（※2）との連携により、より本人に合った仕事を探していくための連携を強化していきました。

⑥現場の職員の人材育成（スーパービジョン）

　事業所の職員には、ジョブコーチの経験もあるベテランの職業指導員がいますが、その他の職員は障害福祉分野の経験が1～3年程度の若手職員です。サビ管としては、若手職員のスキルアップや職場定着が課題となっていました。それをふまえて、サビ管としてはベテラン職員と協力しながら、このケースの面談や支援場面での同席や、週に1回の支援の振り返り、フィードバックを継続しました（OJT）。OJTでは、できるだけ本人の意欲や姿勢、支援の中でのよかった点など、ポジティブな面や強みに着目し、毎

※1　「ワークサンプル幕張版（Makuhari Work Samples）」…「事務作業」「OA作業」「実務作業」の三つの作業領域に分類した評価ツール

※2　「ハローワークにある専門援助部門」…多くのハローワークにおかれている障害のある人の就職を専門にサポートする部門。手話通訳の配置や専門家によるカウンセリングなどのほか、発達障害のある人には「発達障害者雇用トータルサポーター」と呼ばれる専門職員がおかれていることもある。

回一つは必ずそのような点についてフィードバックするようにしました。また、課題に焦点をあてる際にも単なる指摘やダメ出しにならないように、どのようにすればいいのか、どうすれば課題を解決できるのかについて、掘り下げていく中で本人の気づきを促すようサポートしました。

その中で、発達障害の知識や支援スキルの不足が課題になってきたこともあり、外部研修への参加（OFF-JT）や参考になるような資料や情報を提供しました。

▶ 5　まとめ

この事例では、周りの評価の高まりとともに、本人や家族の一般就労に向けた意欲や支援者間での期待が高まっていきました。そのような場合、いつの間にか、本人の意思が置き去りにされることもあります。ですので、周りの意向をふまえつつも、できるだけ丁寧に本人の意向を再確認するよう心がけることが重要です。また、就労移行支援事業では、アセスメントや訓練だけではなく、しっかりと“働く”ことへのイメージがもてるような支援（意思形成支援）や、その上で本人が選択できる機会を確保するということも重要です。その中心的な役割を担うのがサビ管といえるでしょう。

サビ管は支援のプロセスだけではなく、現場職員のマネジメントにおいても重要な役割を担っています。このケースのように、OJT や OFF-JT を活用しながら、“支える”“育てる”を意識していくことも重要です。

21

介護系支援①
自立支援の視点

▶ 自立の考え方

自立とは、一般的には「何事も一人で行うことができる状態」のことだと考える人が多いと思います。実際に支援現場でも、何事も一人でできること（自立）を目指した支援が行われてきました。

しかし何事も一人で行うことができる人が実際にいるのでしょうか。今の私たちは何事も一人でできる状況にはありません。毎日食べる米やパンは自分ではつくっていません。魚も肉もつくってはいません。貨幣でそれらを買っていますが、つくる人がいなければ買うこともできないのです。今の日本では、**多くの人が他者と共存（依存）して生活している**のが現状です。**自立を考えるときの基盤を個人ではなく、他者との関係におくことで自立が考えやすくなります。**

▶ 自立支援とは

自立生活運動（Independent Living Movement）の有名なテーゼに「障害者が、他人の手助けをより多く必要とする事実があっても、その障害者がより依存的であることには必ずしもならない。人の助けを借りて15分かかって衣服を着、仕事にも出かけられる人は、自分で衣服を着るのに2時間かかるため、家にいるほかない人より自立している」というものがあります。生活介護でも、本当に利用者が求めているもの、障害当事者の生活がより豊かになるための支援が自立支援だと考えてください。安易に「何かができるようになった」ことを喜ぶのではなく、その時間を別の支援に使えば、もっと豊かな生活になったのかもしれません。**他者の力を借りても、利用者が欲することを実現していくことが自立支援**なのだと考えることが重要です。

自立の考え方〈一般的な自立の考え方〉

成長

個を基盤に考えれば、個人がさまざまな能力を身につけて自分で自分のことができるようになることが自立だと考えてしまう。しかし、成長することと自立は別の概念で、子どもでも自立はあるし、大人でも自立はある

自立生活運動が提案している自立

他者との関係を基盤とした自立のイメージ。支援員との関係を基礎に、さまざまな人との関係をつくっていくことで、利用者の望む豊かな生活が実現できる。この状態を自立と考えることが大切となる

22

介護系支援②
作業・訓練と余暇・創作活動のバランス

生活介護とは

生活介護とは障害者総合支援法に基づく障害福祉サービスの一つです。障害者が自立した日常生活および社会生活を営むために、創作活動や生産活動、入浴、排泄および食事、その他の支援を受けることができる日中活動です。

サービス等利用計画が作成され、その計画を受けて生活介護についての個別支援計画が作成されます。その計画に**生産活動（作業・訓練）や創作活動を組み合わせ、利用者の生活が豊かになるように利用者の状況に合わせて支援をします**。例えば、タマネギの生産をする場合には、落ち葉を集めて土に入れる作業、苗を植える作業、水やり、生育過程の除草等、一つの生産活動を分割し、誰もが生産活動に参加する等、生活を豊かにする支援が展開されています。

創作活動

創作活動としてさまざまな活動が取り入れられています。例えば、絵画、模型作成、粘土、焼き物、アートフラワー等です。利用者それぞれの興味や適性に合わせて種目が選ばれ、創作活動の機会が提供されています。

創作活動は作品づくりの喜び等を通して心の安定を図り、利用者の自信や生活意欲の向上につなげています。また、多くの市町村では、障害者アート展等で多くの人に見てもらう機会を提供しています。創作活動は、言葉で伝えられない自己表現の一つとして、とても重要視されています。**作品のでき映えで見るのではなく、その人たちの思いの表現として作品を見る**と伝わる何かが見いだせます。

生産活動

クッキーづくり、パンづくり等の生産活動が実施されている。販売経路の開拓などが課題となる

創作活動：作品展に出品

デコトラは段ボールで作成したトラックに、着色したもの。実物にそっくりで、きれいにできており、さまざまな作品展に出品の依頼があり、何度も出品している

余暇活動

生産活動や創作活動だけではなく、余暇活動として季節の行事などを実施している。イラストはリンゴ狩りを楽しんでいる様子

23

介護系支援③
医療機関との連携

▶ 医療機関との連携の必要性

　生活介護系の事業所(施設入所支援を含む)では、利用者とのコミュニケーションが難しい場合が多くあります。自分自身の不調を訴えることができないので、体調の管理がとても重要となります。そのような利用者の支援には医療機関との連携が欠かせません。

　例として、てんかん薬の処方に関しても、処方された薬の効果を日常生活の中で確認し、その情報を医療機関に提供し、徐々に調整していくことになります。薬が強ければてんかん発作は止まりますが、日常生活にも影響が出てきます。日中の活動がある程度できて、てんかん発作が少なくなるように医療機関と連携していきます。てんかんに限らず、**日々のバイタルサインを確認し、異常があれば提携する医療機関に情報を提供し、**適切な支援につなげていく必要があります。

▶ 強度行動障害と医療機関との連携

　施設入所支援や生活介護で難しいのは、**強度行動障害**のある人の支援です。有効な支援方法として「**構造化**」があります。環境、スケジュール、アクティビティシステム等を構造化して提示することで、自分の周りの環境を理解し、スケジュールにより見通しを立て、アクティビティを理解することを促します。

　しかし、強度行動障害がなくなるわけではありません。医療機関と連携し精神が安定する状況をつくった上で先ほどの「構造化」が効力を発揮することになります。特に注意しなければならないのは他者を傷つけることです。このようなときには医療機関と連携し、活動が可能な状態と、精神的に安定した状態の両立を図ることが重要となります。

身体障害者数の推移（在宅）

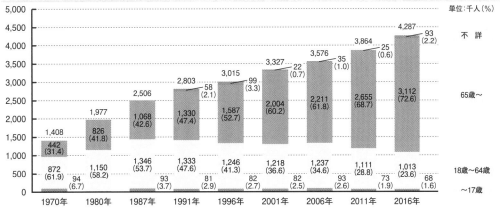

単位：千人（%）

注1：1980年は身体障害児（0〜17歳）に係る調査を行っていない
注2：四捨五入で人数を出しているため、合計が一致しない場合がある

知的障害者数の推移（在宅）

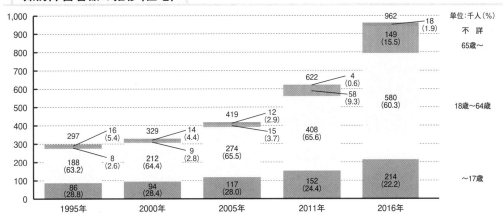

単位：千人（%）

注：四捨五入で人数を出しているため、合計が一致しない場合がある

　これらの図からも、在宅では知的障害者の65歳以上の割合が身体障害者の割合より極端に少ないことがわかる。自分の体調不良を訴えることができないこともこの原因の一つと考えられる
　支援員は絶えず体調の確認をし、体調に疑問がある場合には、早期に医療と連携し、体調の改善を図る必要がある

24

介護系支援④
実践事例（強度行動障害のある利用者）

▶ **1　事例のイメージをつくる**

　支援を展開する際には、職員全体で事例のイメージをつくることが重要です。文章だけではイメージしにくいので、以下の図のような工夫も考えられます。このほうが事例のイメージをつくりやすいと感じています。

　この図で大切な部分は「私自身のストレングス（私のもっている強み）」です。この部分を膨らませることが支援にはとても重要だと思っています。職員が事例をマイナスなイメージでとらえないことが重要です。マイナスのイメージが強いと、マイナスの面

★生育歴・職歴
生年月日：昭和51年10月19日生まれ
現在47歳　援護地：××市
平成8年8月〜××県の施設入所
平成14年〜当施設入所

★家族歴・本人を取り巻く環境
・現在、家族は母、姉、当人の3名
・母親がキーパーソン（本人の代弁者として強い）
・姉はとても冷静に物事を考える
・支援に対する苦情を市役所へ申し出る等、母は支援に非常に敏感である
・他法人の相談支援事業所が担当
・怪我防止、精神安定のため夜間、自室の施錠対応と自室のモニター観察を実施している

★本人の障害状況
・水の多飲傾向あり
・公衆の面前で急にズボンを下げたりする行為あり
・協調性はほとんど認められず、逸脱行為が多い（上記内容については前施設での生活記録より）
・支援区分：6　療育手帳：○A　IQ：18、てんかん発作がある。強度行動障害と判定がある
・令和元年8月右大腿骨頸部骨折（人工骨頭）置換手術、そのため、転倒しないように見守りが必要（半年に1度通院）
・規則的な生活（変化のない生活）を好む

★私自身のストレングス（私のもっている強み）
・言語ではないが、うなずき、声の調子等である程度やり取りができる
・食べ物の好き嫌いがない
・ドア叩きやドアを蹴る等、意思表示ができる
・自己を強く主張することができる

を支援で改善するという意識が生まれます。そのような個別支援計画だけでは、利用者のもつストレングスを育てることはできないかもしれません。ストレングスを利用した支援はプラスの部分をどのように伸ばせば、マイナスな部分をカバーできるのかといった視点に立てます。

▶ 2　この事例でのサビ管の役割

当施設に入所した当初の様子は、多飲水だったり、ほかの利用者との協調性がなく、一人の世界で過ごしている様子がみられました。ほかの利用者との関係では、気に入らないことがあると他害に及ぶこともあったので、支援には十分な注意が必要な状況でした。

職員に本事例を理解してもらうため、左記のようなイメージ図を作成し、事例のイメージをつくってもらいました。イメージに対するさまざまな質問を受け、答えられる範囲で答え、事例に対するイメージを共有することから支援を開始しました。

特に質問が多かったのは生育歴についてです。現在の課題となる行動の原因がどのようにして形成されたのか、その点を知りたいという職員の要望が多かったので、以下のような生育歴を追加しました。

母親が視線が合わないことを心配して1歳6か月で受診した結果、特に問題はないとの診断でした。発語が遅れ、「パパ」「ママ」等の単語は出現しましたが、その後消失しました。

小学校では多動が目立ち、生活パターンや物の配置などへのこだわりが現れ、教師がマンツーマンで指導しなければならない状況となりました。その後、知的障害を伴う自閉症と診断されました。

中学校と高校は地元の特別支援学校に入学しました。高校2年生頃から「他人の家の庭に侵入し、シャベルで穴を掘る」「洗濯物を大量にクリーニング店に運んでしまう」等の社会的問題行動が出現し、薬物療法を受けました。また、高校卒業後、通所施設に通う頃から月に3回程度のてんかん発作がみられるようになりました。

追加の生育歴で、職員全体でより本人をイメージできるようになりました。

①アセスメント

　改めて母親から生育歴等を聞きました。自閉症を伴う発達障害と診断されてから、さまざまな病院で治療を受けたことを話されました。自分の名前を書くことができる点を聞いてみると、小さい頃から、文字が書けるように厳しく指導してきたことも話されました。母親の子どもに対する期待や愛情がとてもよくわかりました。

　この施設でどのような生活を望んでいるのかを聞いてみると、「健康でほかの利用者の方と仲良く生活できること」との話がありました。ほかの利用者と関係をつくるのはとても難しいので、すぐにそのような生活にはならないが、少しずつほかの利用者と一緒に過ごせるような支援をしたいと考えていることを伝えて、面接を終わりました。

　サービス等利用計画の総合的な支援方針にも、「ほかの利用者と仲良くして、豊かな生活ができるようになる」と記載があり、どのようなことから開始するのか計画を作成しました。

②個別支援計画の作成

＜見立て＞

１）自分の行為が適切なのかどうかという判断を、周りの人からの反応で理解することが難しいのではないか。支援員としてはどのような方法で意思疎通を図り、望ましい行動を誘発したらよいか、その方法を考える必要がある。

２）自閉的な傾向が顕著で、ほかの人と一緒にいることが難しいので、どの場面からほかの利用者と一緒に過ごすのか考える必要がある。

　以上２点を考慮し、個別支援計画原案を作成しました。

ニーズ	短期目標	支援内容
ほかの利用者と楽しく過ごしたい	１）ほかの利用者と一緒に食事を楽しむことができる	昼食から開始する。食堂で自分の場所を確保し、食事の時間を楽しめるように支援する
	２）ほかの利用者とコミュニケーションを楽しむことができる	音楽活動に参加して、ほかの人と一緒に楽器を演奏する

③個別支援会議

　個別支援会議でニーズ、短期目標、支援内容を確認し、支援内容の頻度、担当者、支援期間等を協議しました。さらに、評価の方法等も確認し、個別支援計画ができあがりました。個別支援計画はサビ管が作成しますが、それはあくまでも案であり、個別支援会議で支援員が検討することでできあがるものです。ですから、個別支援会議は個別支援計画作成にとってはとても重要な役割があります。また、できあがった計画を本人と母親に説明し、母親から承諾を得ました。

④実際の支援

＜食事環境の構造化＞

環境の構造化と支援の統一

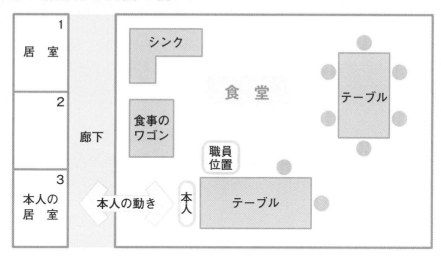

　食堂までの動線とテーブルの位置を構造化して、動線が短くなるようにしました。また、支援員がそばにつき、食事をすることを徹底しました。テーブルの周りについたてを立て、個室状態にする支援方法も考えられますが、やがて支援員がつかなくてもほかの利用者と食事ができるようになるためのステップだと考え、支援員がそばにつく方法をとりました。

<意思疎通の試み>

　絵カードを部屋に順に貼り、本人が起床したときにカードで意思疎通ができるかどうかを試すこととしました。この試みがうまくいけば、ほかの利用者とのコミュニケーションも絵カードで実施できるかもしれません。

　絵カードは起床から着替え、洗面、排泄、食事までを作成し、カードを見せて一緒に行動することでカードの意味の理解を促しました。

　最初は裸のままトイレに行くなどの行動が多くみられましたが、支援員がトイレまでの一連の動作を一つひとつ丁寧に支援することで、着替えてからトイレに行くようになりました。その後洗面することに順序を変えると食事までスムーズに行動できるようになりました。

　課題はスムーズに行動できる日とそうでない日があることでした。

　夜間の様子（睡眠の状態）等を観察しても行動に影響を与える要素をみつけることはできませんでした。結局支援員との関係が本人の行動に影響を与えていることがわかりました。ケース会議で本人に対する接し方を統一することで、徐々にスムーズに行動できる日が増えていきました。

　現在、昼食を食堂でとる支援を継続しています。

<関係機関との連携>

　本人の行動を支援だけで変容することは難しいので、医師と連携し、てんかん薬の調整、向精神薬の調整を行ってもらい、日常生活の様子を医師に報告しました。精神的な安定と発作の抑制を図ることとして、通院として月に１回、継続した受診を実施しました。

▶ 4　まとめ

　サビ管・児発管は職員の中心となって、個別支援計画原案を作成します。その原案を職員全体で吟味することで、個別支援計画は支援の旗印となります。この計画に沿って職員全体がチームとして機能しないと支援はうまくいきません。また、本事例のように強度行動障害のある利用者の支援は、障害の特性と支援方法を職員全体で学ぶ必要があります。構造化、絵カード等を使う意味がわからないと統一した支援はできません。意味がわからなければ、きっと面倒でそれを実施しない支援員も出てきます。そのような場合にサビ管・児発管は支援員の指導・育成をすることが重要な役割となります。

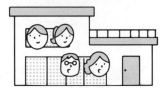

25 居住系の支援①
地域生活移行の視点

なぜ地域生活移行なのか

地域生活移行は、ノーマライゼーションの理念を基本において、**障害者が地域で一般の人と同じように生活を送ることを目指す**ものです。地域生活移行は利用者が主体であり、サビ管・児発管など専門職の都合によって行われるわけではありません。利用者の意思を第一に尊重することがとても大切になります。具体的には、入所施設や精神科病院から退所し、地域にある社会資源（一般的な資源や公的な福祉サービスなど）を活用しながら、アパートやグループホームなどに暮らしを移すことになります。「地域生活移行」とは、居所を施設や病院から単に地域へ移すことが目的ではなく、**障害者が自ら望んだ場所で、安心して自分らしい暮らしを実現すること**が重要です。

そのためには、地域のネットワークを重視した活動が求められます。障害者の地域生活の実現には、多くの人々の協力や連携が必要となることを理解しておきましょう。

「地域移行」ではなく、地域「生活」に移行するための動機

人は生活を変えるためには、そのための「動機」が大なり小なり必要となります。施設や病院で長期間暮らした人々は、生活に望むものが欠如していたり、低減してしまっていることが多くあります。要するに、施設や病院では希望しても、実現しにくい生活（食事のメニュー、個人旅行、買い物など個人的な理由による行動など）を取り戻すような支援（動機づけ）が重要となります。長期間の施設や病院での暮らしといった画一的な生活で削ぎ落とされがちな、その人らしい、当たり前の生活の実現をサビ管・児発管は常に意識し、自己の価値に気づくよう、日々の支援にあたることが望まれています。

地域生活移行にかかわる連携・ネットワーク

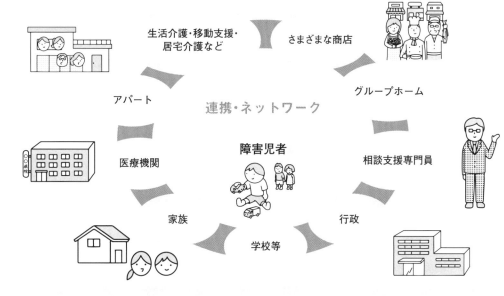

生活介護・移動支援・居宅介護など

さまざまな商店

アパート

グループホーム

連携・ネットワーク

医療機関

障害児者

相談支援専門員

家族

行政

学校等

・図にあるように本人を中心において、連携やネットワーク、隙間を埋めていくような支援を常に心がけよう
・一人ひとりの生活は、十人十色。違っていてよい

地域生活移行のプロセス

ステップ	気持ち	支援方法	支援のねらい
準備	・やれるかな？　不安が強い ・パワーレスからエンパワー ・利用者および家族の意向確認 （意思決定支援）	・相談支援との連携 ・個別支援計画作成のためのアセスメント（地域生活移行へ向けた課題の洗い出し）	・動機づけ、見学、説明、体験 ・支援事業所の調整、確保
移行開始	・やるぞ！ ・ドキドキ、ワクワク ・居所の確保 ・支援事業所の確定 ・計画の具体化	・地域生活移行のための計画づくり ・個別支援計画の実施	・地域デビュー ・想像やイメージの修正 ・動機の強化
移行定着	・やれた！ ・自信がついた	・モニタリング ・新たなニーズへの対応	・地域のつながりが広がり、深まる

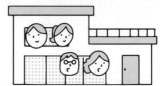

26

居住系の支援②
「日中サービス支援型」の日中活動

▶ 重度化・高齢化への対応が目的

日中サービス支援型共同生活援助は、2018（平成30）年に新設されたグループホームの類型で、国保連の実績で2021（令和3）年4月現在の事業所数は348か所、利用者数は4708名で年々増加しています。障害者の重度化・高齢化に対応するために創設された共同生活援助の新たな類型であり、短期入所を併設し地域で生活する障害者の緊急一時的な宿泊の場を提供することとしており、施設等からの地域移行の促進および地域生活の継続等、地域生活支援の中核的な役割を担うことが期待されています。

▶ 「介護サービス包括型」「外部サービス利用型」との違い

ほかのグループホームの類型は、日中外部に出かけ、就労や日中活動などで過ごすタイプの居住支援ですが、「日中サービス支援型」は日中の時間帯もグループホームで過ごすことができるタイプのグループホームです。ですので、**生活介護に近い、余暇活動等を提供し、医療との連携なども視野に入れ、個々のニーズに寄り添う支援の実現**が求められます。そのため、昼夜を通じて1人以上の世話人または生活支援員を配置することも必須となっています。

▶ 検証・評価

サービスの透明性や質を確保する観点から、自治体の（自立支援）協議会等に対し、定期的に事業の実施状況等を報告し、協議会等から評価を受け、改善の指示や助言を受けることになります。

日中サービス支援型共同生活援助　図

第1章　サビ管・児発管とは

第2章　障害福祉の基本的理念や考え方

第3章　支援をかたちづくる

第4章　事業所内での協働

第5章　地域とつながる・地域をつくる

利用対象者

　重度化や高齢化のため、日中活動や事業所外のサービス等を利用しづらい障害者（日によって利用することができない障害者を含む）。また、共同生活援助の障害支援区分による制限はない

・共同生活を営む住居において、相談、入浴、排泄または食事の介護、その他日常生活上の援助を提供するため、昼夜を通じて1人以上の世話人または生活支援員を配置することとなる

・利用者の就労先または日中活動サービス等との連絡調整や余暇活動等の社会生活上の援助を実施する

具体的なサービス内容

1. 入浴、排泄または食事等の介護、その他日常生活上の援助
2. 調理、洗濯、掃除等の家事などの介助
3. 日中活動（余暇や作業など）の介助など
4. 日常生活・社会生活上の相談及び助言
5. 就労先やその他の関係機関との連絡　　など

※短期入所（定員1〜5人）を併設し、在宅で生活する障害者の緊急一時的な宿泊の場の提供は必須
※日中サービス支援型共同生活援助においては、支援の趣旨等を踏まえ、サテライト型住居の基準は適用しない

新たに、グループホームから一人暮らしへの移行に向けた支援を行う通過型グループホームのあり方が検討され始めています。グループホームから、一人暮らしを希望するものに一定の期間、集中的な支援を行うものです。

日常の暮らしに対する希望は、千差万別。地域生活を希望する人の声をしっかり聞いて、グループホームの類型にこだわらず、「どこで、誰と、何をしながら、どのように暮らすか」を体験などにより、見定める取り組みが重要です。

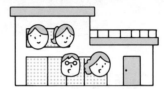

27

居住系の支援③
余暇活動の充実

マンネリ化しやすい日中活動

　利用者の状態に合わせて、日中活動を企画実施するのは非常に骨が折れる作業になります。事業開始当初は、何もかもが新鮮で利用者の意欲もとても高いです。しかし、日々提供している日中活動に変化が乏しいと、マンネリ化し利用者のモチベーションが落ちやすくなります。まず、余暇活動の場合には内容に工夫をして、前回よりは今回、今回よりは次回といった形で、創作物や活動内容のレベルアップを意識して企画することが有用です。また、作業の場合においても簡単なものから、より複雑なものへとチャレンジするような視点で、日々の組み立てを行うことが有用になります。

　両者に共通していえることは、**人は日々成長するものといった価値観をもち、利用者の可能性は必ず広がっていくということを信じて支援にあたる**ことです。同じ作業内容であっても、作業量や作業時間にかかる変化や習熟はないか。余暇活動であれば、利用者の楽しむ様子や姿勢など、普段から注意深く観察することがとても大切です。

地域に目を向けて

　利用者の嗜好や特性に合った、作業や余暇活動を探すことが難しい場合には、外部からのボランティアや講師を活用することで、利用者や支援者も刺激を受け、効果的な日中活動につながる場合があります。日常の介護だけではなく、利用者が充実した地域生活を送るためには、余暇活動の充実は欠かせません。**日頃から地域アセスメントを行い、地域との連携を意識した活動が重要**なことを忘れてはなりません。

　人は生活上の問題を抱えつつも、どこかで折り合いをつけて生きるものです。そのためには、余暇活動はとても大切で人生を彩るための重要なツールとなります。

地域や関係者の強みを活かす 図

事業所のオープン化

・支援員の特技を活かした創作活動　生け花、書道、絵画、ジョギング、畑作業
・地域の一般の人（ボランティア）　特技をもった人
　社会福祉協議会　登録ボランティアの紹介・活用
　地域の趣味サークル活動などへの参加
　生け花、書道、絵画、ジョギング、畑作業、パンづくり

> **ポイント**
>
> サビ管・児発管は、日頃から職員や地域の人々とのたわいのない話の中で得意なことや趣味を聞き出し、利用者の余暇活動へつながるか意識しておこう

地域アセスメントの図解

医療環境　　　教育環境　　　交通環境

人口統計など、　　　地域の特徴　　　福祉計画からの情報
自治体からの情報　　（歴史・気候条件・　（高齢化率、障害者手帳
　　　　　　　　　　地理的条件・産業構造・　保持者数など）
　　　　　　　　　　住民意識など）

上記のような情報を基に

重 要　日々の活動を通じながら、住民との対話（情報交換）

> **ポイント**
>
> 自分で調べるだけではなく、地域住民等との会話から情報を得て、一緒に考える姿勢

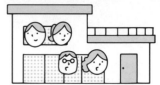

28 居住系の支援④
実践事例（共同生活援助）

▶ 1 事例のテーマ

共同生活援助
はなさん（知的障害・ダウン症）への居所の変更に向けた支援

▶ 2 事例概要

　はなさんは、38歳女性で、本人と母親の2人家族です。兄は結婚後独立し、自宅近くに住んでいて毎日のように実家の様子を見に来ています。はなさんは特別支援学校を卒業後、市内の就労継続支援Ｂ型事業所を利用し、主に喫茶店のウェイトレスとして接客に従事していました。毎日休まずに通っており、言葉は出にくいもののテキパキと接客をすることが周りから認められ、好評価を得ています。ただし、母親の高齢化により、親子2人での生活が難しい場面が家族の中で確認されていました。心配した兄からの申し出により、将来の生活環境をどのように整えていくか相談支援事業所につながり、将来の居住設定についての話し合いがもたれました。母親は「私が死ぬときは、この子も一緒に連れていく」などの発言をし、最後まではなさんの世話をするつもりでいます。しかし、兄には自分が亡き後ははなさんの面倒をみてほしいということも言っており、親としての気持ちの揺れが大きいことがうかがえました。相談支援専門員の提案により、グループホームの見学から始め、1人暮らしやさまざまな可能性を検討することとなりました。

3　この事業・事例でのサビ管の役割

　将来どのような暮らしをしていくか、親亡き後の暮らしをどのように準備するかなど、居住設定・支援のあり方は、非常に大きな人生の出来事となります。そのため、相談支援専門員やサビ管・児発管は協力・連携し、本人の意向を丁寧に探りながら、情報提供だけにとどまらず、本人が考えやすい方法や機会をつくり出していく姿勢が求められます（意思決定支援）。一見、親亡き後の居住設定の支援は、相談支援専門員だけの責務に思われがちですが、あくまでも相談支援専門員は動機づけや将来の生活像の確認が主で、長期的な視点に立てば一番身近にいるサビ管・児発管による支援はとても重要です。ですから、相談支援専門員とサビ管が、はなさんを中心にして効果的な連携の下にお互いの役割を確認して、支援を開始しましょう。

▶ 4　支援プロセスに合わせた仕事の内容

①意向確認を行う時期

　母親は認知能力の低下などがあり、気力は十分にあるものの判断に難しい点が確認されました。兄はこれまで、母親にはなさんのことを任せきりでいたために、福祉サービス等の現状に疎い部分があります。しかし、母に代わって、はなさんの世話をしていくことに躊躇はなく、真剣に考えています。兄は非常に頭のよい人で、知識不足を補おうと福祉サービスの解説書などを読み急激に理解が進んでいます。そのため、まずはグループホーム等の見学をして、はなさんと母親に対して共通の認識をつくるための機会を提供しました。相談支援専門員がグループホームの概略を説明し、実際にはなさんの同級生が暮らしている場面をサビ管が見学できるように調整しました。

②アセスメント

　見学の際に母親と兄は、はなさんの同級生が立派に一人で生活し、作業所へ通っている様子を見学し、驚きを隠せませんでした。特別支援学校時代に同じ通学バスで通学していた頃に比べ、大人になった印象を強くもちました。特に兄が感心し、見学後に同級生の自宅へ訪問して、同級生の父親からもアドバイスを受けていました。「はなさんを

信じなさいよ。うちの子もはなさんも、もう立派な大人だよ」と励まされました。アセスメントでは、現在利用している就労継続支援B型事業所との情報共有・意見交換や、相談支援専門員のアセスメント内容についての確認から始めました。さらに、グループホーム事業所のアセスメントシートを使って、本人、母親、兄からの聞き取りも行いました。

この段階でのアセスメントでは、特に本人の意向や家族の想いを再確認するとともに、生活歴やこれまでの経験などを中心に把握していくことを意識しました。その上で、グループホーム利用に向けて、はなさんの気持ちや考えをどのように引き出し、確認するかがポイントとなります。グループホームでは、どのように暮らしていくかなど、意思の表明がしにくいはなさんだけに、ゆっくりと時間をかけてはなさんのペースで実施していくことが重要です。

③個別支援計画作成

個別支援計画作成にあたっては、相談支援専門員が作成したサービス等利用計画書の総合的支援方針を軸にしながら、本人の意向や課題などを整理し、支援目標や支援内容について原案を作成しました。アセスメントを通して、はなさん本人だけではなく母親や兄を含めてグループホーム利用に関し、合意形成が必要となります。はなさんは、いろいろな聞き取りや家族とのやり取りなどで、グループホームで新たな生活をすることを理解したようでした。特に日中通っている就労継続支援B型事業所では、とても明るくなって、表情や作業に意欲的になったことが確認できました。一方で、グループホームでの生活イメージの理解が十分でないことも推測できたので、実際に生活した後のかかわりを丁寧に説明し、週末は自宅へ戻ることも準備しました。さらに、B型事業所での経験を生かし、グループホームの世話人さんとの夕食の準備を日課に提示すると、表情はさらに明るくなり、うれしそうな様子でした。

④個別支援会議

個別支援会議ではアセスメントの資料や個別支援計画の原案を基に、事業所内でのサービス内容について確認しました。会議には、グループホームのサビ管、就労継続支援B型事業所のサビ管、相談支援専門員などが出席し、意思表明が苦手なはなさんの言

動を注意深く観察し、新たな生活への満足度を中心に探ることを共有しました。また、異変や拒否など、新しい生活に対しての受け入れを嫌がった場合には、自宅へ戻ることも確認し、強制をしないことを再確認しました。言葉や見学だけでは、はなさんに情報が適正に伝わっていないかもしれないと慮る気持ちが意思決定支援につながるとの考えでした。

⑤関係機関との連携　（モニタリングの機会）

　サビ管は当面、相談支援専門員が主催するサービス担当者会議やモニタリングを通して、状況を共有しながら、こまめに支援内容や目標を見直していくよう心がけました。また、母親と兄には、はなさんの定期的な状況報告と自宅での本人の様子を注意深く観察して、サビ管に適時様子を伝えてほしいこともお願いしました。

⑥現場の職員の人材育成（スーパービジョン）

　グループホームの職員には、サビ管など一定の経験がある者はいますが、その他の職員は、調理や清掃のみなどで、障害福祉サービスの経験がない職員も多くいます。サビ管としては、利用者の意向を常に慮り、できるだけ定期的な会議を開催し、その中で本人の意欲や価値に沿った支援を提供するように、職員全員で共有することが必要となってきます。

　一方、グループホームを終の住処のように誤解している職員も少なくありません。「施設からグループホームに生活の場が移れたのでよいだろう」「グループホームとはいえ集団生活なのだから、ルールを守ってほしい」など、管理機能が強くなってしまうことがあります。人の気持ちや意思決定は日々変わることがあることを前提に、利用者の生活をアセスメントし、定期的な会議の中で多角的にモニタリングをしたいものです。利用者からの訴えがなく、毎日事業所に通っているから満足なのだろうと、漫然としたモニタリング会議に陥らないように工夫をすることが、サビ管・児発管の大事な責務です。中には、グループホームでの生活をバネに成長し、1人暮らしを希望したり、遠隔地への転居を希望する人もいるので、利用者の意向を中心においた支援を模索し、「本人が

希望する生活」とは何か、試行錯誤する中でサビ管・児発管業務のアイデンティティを見つけてほしいものです。

▶ 5 まとめ(意思決定支援などについて)

　この事例では、家族(兄)の気づき、困りごとが発生し、事態が動き出しています。本人中心で始まったことではありませんが、障害や病気の状態を勘案し、このような生活変化が訪れることは特別なことではなく、人は誰しも、生活環境を変えることについては、一定程度の動機づけが必要となります。当然、今回も兄の気づきから始まっていることですが、結果的にはなさんが明るく、前向きになったことを周りがどのように判断するかといったことがとても重要です。意思はもっていたものの、表出することができず、今回の兄の気づきで表明できたものと思われます。母親も気づいていたものの、親としての責任などから新たな生活を認めにくかったのかもしれません。サビ管としては、見学等による情報提供だけで性急に判断せず、体験などの機会を通じて、選択の機会を深めるためのお手伝いを意識したいものです。生物学的に親は子より先に命が終わることは周知の事実であって、それが起きてから慌てて考えるか、十分予見しながら将来に備えるかは、正解がない選択です。ですから、サビ管として強引な誘導は避けるべきでしょうし、行ったり来たり、1回だけではなく何度も付き添い、はなさんのペースに合わせた支援を常に心がけましょう。そうすることで、はなさんの可能性を信じた、質の高い支援につながります。

参考：意思決定のための具体的な取り組み例

①環境を整える
その人にとって決めやすい時間、場所、話し相手、用いるツール、手段、コミュニケーション技法などに基づいて、好みを推し量る

②経験を豊かにする
選択肢をその人の中につくるため、豊かな生活体験を重ねる。自分で決める経験を増やす。その人が選ぶことを尊重し、チャレンジしようとする気持ちも大切にする

③ルールと考え方を共有する
さまざまな要素や原則について、職員間あるいは職員と親族など関係者間で理解と共有を深める。共有を深めることは、意見の優先順位などが対立したときの指標となる

④諸原則などに準じた取り組みを行う(MCA(※1)、SDM(※2)、ストレングスモデルなど)
※1　MCA：the Mental Capacity Act(イギリス意思決定能力法)
※2　SDM：Supported Decision-Making model(サウスオーストラリアの意思決定支援モデル)

⑤検討と協議の場を設け、意思決定支援や代行決定について意見が定まらない場合や、対立するときなどの難しい事例は、本人の「最善の利益」を目的とした協議を繰り返し行う

※応援者は本人のペースに合わせ、動機づけを意識するかかわり

親亡き後が心配 → **親**

本人の考えに合わせたい → **きょうだい 親族**

本人の好みは、これかな？ → 先生 友人・仲間 サビ管・児発管 相談支援専門員

みんなで本人を応援し、希望する暮らし(意思)を探し、見つけ、支える

本人

エンパワメント
意思決定のための具体的な取り組み

本人

29

その他の支援①
ピアサポートの活用

▶ ピアサポートとは

　語源から**ピアサポート**を定義すると「PEER」（仲間、同輩、対等）と「SUPPORT」（支えること、支援すること）から成る言葉なので**「仲間同士の支え」**といった意味となります。特定の境遇や立場、経験等を有する人たちによる支え合いの活動はさまざまな領域でみられますが、ここでは障害福祉におけるピアサポートについて紹介します。

　「ピアサポートとは、一般に同じ課題や環境を体験する人がその体験からくる感情を共有することで専門職による支援では得がたい安心感や自己肯定感を得られることをいい、身体障害者自立生活運動で始まり、知的障害や精神障害の分野でも定着し始めている」（平成22年度障害者総合福祉推進事業報告より）とされています。

▶ 障害福祉事業におけるピアサポート

　これまで障害福祉領域においてさまざまなピアサポート活動の効果が高いと評価された結果、2021（令和3）年度より一部の障害福祉サービス事業所（※1）で働くピアサポーターが所定の条件を満たす場合に加算されることになるとともに、2020（令和2）年度にピアサポーターの養成や管理者等がピアサポーターへの配慮や活用方法を習得する**「障害者ピアサポート研修事業」**が創設されました。この研修の実施主体は都道府県ならびに政令指定都市となっています。

　サビ管・児発管として加算対象である事業所の場合は体制整備の検討等を行う場合もあると思われます。各地域で実践されている既存のピアサポートの活動の活用や連携を検討することも視野に入れるとよいでしょう。

※1　自立生活援助、計画相談支援、障害児相談支援、地域移行支援、地域定着支援

ピアサポート活動従事者による支援の効果

効果の視点	概　要
体験の共有・共感と適切なニーズ把握	・ピアサポート活動従事者が利用者と同じ病気や症状を経験していることから、ピアサポート活動従事者と利用者は、病気の症状の悩み、将来の不安、家族や支援者との関係性について、類似していることが多い ・それゆえ、ピアサポート活動従事者が病気や症状の体験を利用者に語ることで、利用者の共感や体験を共有しやすくなり、信頼関係を築きやすくなっていると考えられる ・信頼関係が構築されることで、利用者本人のニーズも把握しやすくなり、より適切な支援につながると考えられる
体験に基づく相談対応	・ピアサポート活動従事者自身の体験を基にアドバイスすることで、利用者もピアサポート活動従事者の意見に納得し、ピアサポート活動従事者のアドバイスや忠告を素直に受け入れやすいと考えられる
ロールモデル	・ピアサポート活動従事者が病気から回復し生活している姿を、利用者自身が回復した将来の姿ととらえることで、現状の苦しい状況が続くわけではないという希望につながっていると考えられる ・利用者も病気から回復したピアサポート活動従事者に相談や疑問を投げかけることで、自身が回復するための参考としていると考えられる
家族等の病気や障害の理解促進	・ピアサポート活動従事者が家族との会話を通じて、利用者本人が苦しいときの思いや家族に反発する理由などを利用者に代わって代弁することで、病気や利用者本人の理解を促進する効果があると考えられる ・また、病気から回復したピアサポート活動従事者の存在自体が、利用者本人の回復した姿と重なることから、ピアサポート活動従事者が利用者本人を支援することに対して家族は安心感を得ていると考えられる
他の職員の病気や障害の理解促進	・ピアサポート活動従事者が利用者を支援することで、ピアサポート活動従事者以外の職員が利用者の障害特性をより深く理解し、それが支援計画や実践に活かすことができると考えられる ・また、利用者を支援するにあたり、ピアサポート活動従事者が利用者の不安等を代弁することで、ほかの職員も支援方法について示唆を与えていると考えられる

30

その他の支援②
強度行動障害のある人への支援

● 強度行動障害とは

強度行動障害とは、自傷、他害、こだわり、もの壊し、睡眠の乱れ、異食、多動など本人や周囲の人の暮らしに影響を及ぼす行動が著しく高い頻度で起こるため、**特別に配慮された支援が必要になっている状態であり、生まれつきの障害ではなく、周囲の環境やかかわりによって現れる状態**を指します（強度行動障害支援者養成研修資料より）。支援者は「困った人」としてではなく「困っている人」ととらえることが重要です。

● 強度行動障害への支援

強度行動障害の状態に至る背景を理解した上での予防的対応や状態改善のための適切なかかわりが必要なので、**障害特性の理解や行動アセスメント、また個別的、具体的にどのように支援を提供するのかについて明らかにした支援手順書の作成ならびに支援手順書に基づいた根拠のある支援の提供と記録**が重要です。

こうした一連の支援提供プロセスは、サビ管・児発管の役割である「サービス提供プロセスの管理」に含まれることから、個別支援計画への反映や説明と同意、また個別支援計画同様に PDCA サイクルを用いてブラッシュアップしていく必要があります。

支援現場においては、**「強度行動障害支援者養成研修」**の履修者を確保することで、共通理解のもとに適切な支援を提供できる可能性が高まることからも、管理者と相談して計画的に研修受講を行うことや発達障害者支援センター等の専門機関との連携を図ること等、強度行動障害が現れやすい人たちの権利が保障されていくためにさまざまなアプローチが必要です。

強度行動障害への支援のポイント 図

氷山モデルの考え方

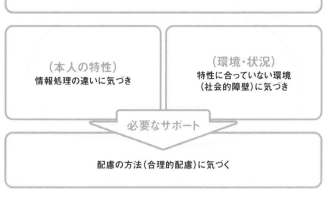

課題となっている行動
困っている行動だけでなく
行動の違いに気づき

（本人の特性）
情報処理の違いに気づき

（環境・状況）
特性に合っていない環境
（社会的障壁）に気づき

必要なサポート

配慮の方法（合理的配慮）に気づく

氷山モデルは、自閉症の人のさまざまな行動を水面上の氷山の一角にたとえ、その部分だけではなく水面下の要因に着目する視点
構造的に理解をし、必要なサポートを導き出していく

各計画の役割と範囲

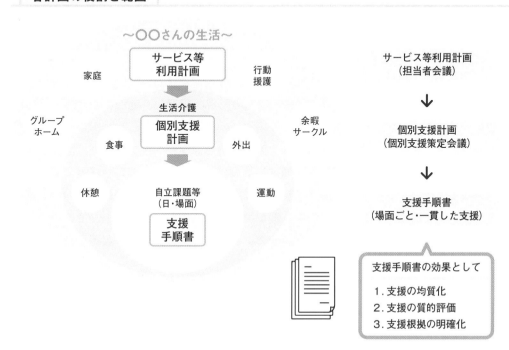

〜〇〇さんの生活〜

家庭　行動援護

サービス等
利用計画

グループ
ホーム　生活介護

食事　個別支援計画　外出

余暇
サークル

休憩　自立課題等
（日・場面）　運動

支援
手順書

サービス等利用計画
（担当者会議）

↓

個別支援計画
（個別支援策定会議）

↓

支援手順書
（場面ごと・一貫した支援）

支援手順書の効果として

1. 支援の均質化
2. 支援の質的評価
3. 支援根拠の明確化

31

その他の支援③
医療的ケア児への支援

医療的ケア児とは

2021（令和3）年6月に医療的ケア児及びその家族に対する支援に関する法律（以下、「**医療的ケア児支援法**」という）が成立しました。**医療的ケア児**とは、日常生活および社会生活を営むために恒常的に医療的ケア（人工呼吸器による呼吸管理、喀痰吸引その他の医療行為）を受けることが不可欠である児童（18歳以上の高校生を含む）とされており、医療技術の進歩に伴い増加傾向で、全国の在宅医療的ケア児は約2万人とされています。

医療的ケア児への支援

医療的ケア児支援法が成立したことを背景に、在宅における医療的ケア児とその家族を支えるため、NICU等の医療機関から在宅への円滑な移行や、地域における生活の基盤整備、また医療的ケア児を受け入れる障害児通所支援、保育所、学校等の基盤整備等が進められています。具体的には**医療的ケア児支援センター**の設置ならびに**医療的ケア児等コーディネーター**の養成と配置、障害福祉領域における報酬改定や医療における診療報酬改定、教育における医療的ケア看護職員配置事業、保育・母子保健における医療的ケア児保育支援事業など、総合的な支援が実施できるように整備が進んでいます。またこうした取り組み等について各地方自治体において協議を行う場が設置されることになっています。

医療的ケアが必要な子どもと家族が、安心して心地よく暮らせる社会の実現に向け、サビ管・児発管として既存のネットワーク等を通じて自地域の状況把握や情報交換を行う等、さまざまなアプローチが考えられます。

医療的ケア児とその家族を支える　図

医療的ケア児支援法の目的と理念

●医療的ケア児とは
日常生活および社会生活を営むために恒常的に医療的ケア（人工呼吸器による呼吸管理、喀痰吸引その他の医療行為）を受けることが不可欠である児童（18歳以上の高校生等を含む）

立法の目的
○医療技術の進歩に伴い医療的ケア児が増加
○医療的ケア児の心身の状況等に応じた適切な支援を受けられるようにすることが重要な課題となっている

⇒医療的ケア児の健やかな成長を図るとともに、その家族の離職の防止に資する
⇒安心して子どもを生み、育てることができる社会の実現に寄与する

基本理念
1　医療的ケア児の日常生活・社会生活を社会全体で支援
2　個々の医療的ケア児の状況に応じ、切れ目なく行われる支援
▶医療的ケア児が医療的ケア児でない児童等とともに教育を受けられるように最大限に配慮しつつ適切に行われる教育に係る支援等
3　医療的ケア児でなくなった後にも配慮した支援
4　医療的ケア児と保護者の意思を最大限に尊重した施策
5　居住地域にかかわらず等しく適切な支援を受けられる施策

医療的ケア児等総合支援事業（地域生活支援促進事業）

【事業内容】
「医療的ケア児およびその家族に対する支援に関する法律」に基づく医療的ケア児支援センターの設置（医療的ケア児等コーディネーターの配置）により、医療的ケア児とその家族からの相談を受け、適切な支援につなげるための支援を行うとともに、地方自治体における協議の場の設置や医療的ケア児に係る支援者の養成研修、医療的ケア児やその家族の日中の居場所づくりや活動の支援等を総合的に実施する。
【実施主体】都道府県・市町村　【補助率】国1／2　都道府県・市町村1／2

総合的な支援を実施

地方自治体における
医療的ケア児等の協議の場の設置
・保健、医療、福祉、教育、子育て等の各分野の関係機関および当事者団体等から構成される協議の場の設置
・現状分析のための、医療的ケア児数の把握・ニーズ調査の実施
・医療的ケア児の家庭向けの情報提供（HP、ガイドブックの作成）　等

●地方自治体において、医療的ケア児等とその家族への支援体制の強化
●障害福祉サービスでは実施が難しいニーズに対する支援
●地域に障害福祉サービス等の実施事業所がなくても地方自治体による支援の実現が可能

医療的ケア児とその家族

医療的ケア児等コーディネーター
医療的ケア児等支援者
（喀痰吸引含む）の養成研修

併行通園の促進
・事業所からの付き添いなどのバックアップ
・適切な情報交換
障害児通所支援施設
保育園・幼稚園

令和4年度拡充
医療的ケア児支援センターへの
医療的ケア児等コーディネーターの配置等
・医療的ケア児支援センター等への医療的ケア児等コーディネーターの配置
・コーディネーター間や相談支援専門員との情報交換や症例検討の場の設置
・移行期（NICUから在宅生活への移行、学校生活への移行、成人期への移行等）における重点的な相談体制の整備　等

医療的ケア児等に対応する看護職員
確保のための体制構築
・看護職員に対する医療的ケアに関する研修
・就業先とのマッチング　等
看護職員への研修
障害児通所支援施設

医療的ケア児等とその家族への支援
家族のレスパイト
きょうだい児への支援

課題　その他、障害福祉サービス等と重複しない支援

32

その他の支援④
実践事例（多機関連携）

▶ **1　事例のテーマ**

医療的ケア児の新規受け入れに伴う多機関連携による支援展開
アキラくん（10歳、医療的ケア児、気管切開による喀痰吸引）

▶ **2　事例概要**

　アキラくんは小児脳性麻痺があり、地域の児童発達支援センターに通所後、隣接市にある特別支援学校小学部に入学しました。車いすは座位保持のため胸部・腰部にベルトを装着しています。

　4年生の秋に誤嚥性肺炎となり入院。その後かねてから検討されていた気管切開を行い、退院をしました。

　アキラくんの在住市には医療的ケア児が通所できる放課後等デイサービス事業所がありませんでしたが、自立支援協議会での議論や障害児福祉計画の計画策定過程において医療的ケア児が通所できる児童発達支援事業と放課後等デイサービス事業の確保が課題となり、市の推進により昨年度にそれぞれ整備され、受け入れ態勢が整いました。

▶ **3　この事業・事例での児発管の役割**

　放課後等デイサービス利用に向けてアキラくん担当の相談支援専門員（児童発達支援センター所属）から利用打診を受けたことから、アキラくんの支援開始に至るまでの諸

第
1
章
◎
サビ管・児発管とは

第
2
章
障害福祉の
基本的理念や考え方

第
3
章
支援をかたちづくる

第
4
章
事業所内での協働

第
5
章
地域とつながる・
地域をつくる

調整（所内調整・相談支援専門員を含めた支援チームへの参画）等を行いました。

▶ 4　支援プロセスに合わせた業務の内容

①利用相談時期

　放課後等デイサービスには、看護師が配置されており、医療的ケア児が利用できる体制があるものの、実利用はアキラくんが初めてでした。

　そこで、利用開始に向けたアセスメントや所内調整を行うことから始めました。

　また、アキラくん自身に会うため、相談支援専門員の調整を介して看護師と一緒に家庭訪問を行いました。

②インテーク・アセスメント

　この段階では利用契約前ですが、まず守秘義務があることについてふれ、提供された情報は適切に扱う旨を約束します。

　また、医療的ケアの内容や配慮事項等ばかりに終始せず、今日までのアキラくんの成長過程の把握（具体的なエピソード）やストレングス、意思表示の方法などの把握に努めます。今回は同行看護師に医療的ケアの内容や手順、配慮事項等を確認してもらい、その間に児発管はアキラくんの成長アルバムやサポートブックを見せてもらいながら、保護者の不安や葛藤、成長の喜びや今後への期待等も聞き取りました。

　さらに、相談支援専門員を介する等の方法で医療機関や学校関係者等から必要な情報を得ることの了解をとり、継続的にアセスメントを行うことを確認しました。

　また、自事業所の体制や環境等の基本情報以外に特徴や今後の方向性等を伝え、アキラくんと一緒に見学を促し日程調整を行いました。

③放課後等デイサービス計画（案）の作成

　放課後等デイサービス計画作成にあたっては、相談支援専門員が作成した障害児支援利用計画書の総合的支援方針をふまえつつ、「放課後等デイサービスガイドライン」（※１）を参考にアキラくんの興味関心やストレングスに焦点をあてた内容とし、併せて医療的ケアの実施上の配慮点等についても記載し、身体的拘束を外していく方向性ととも

に身体拘束に係る説明書の作成を行いました。

④放課後等デイサービス計画策定会議

　まず、アセスメント資料と計画原案を提示しながら、アキラくんの興味関心やストレングス等を伝えつつ、一方で医療的ケアの内容や配慮点等の確認とともに、看護師と児童指導員の役割分担と連携内容等について意見交換を行い、支援提供の基礎となる共通理解を得ることを目的に会議を行いました。

　また、身体拘束に係る説明書の説明と放課後等デイサービスの個別支援計画との関連性について確認および共有を行い、組織内に設置されている身体拘束適正化委員会に報告を行いました。

⑤サービス担当者会議（関係機関連携）

　サービス担当者会議が開催され、児発管として看護師と一緒に参加し、新たに支援チームに加わる機関として紹介を受けました。

　会議ではアキラくんの生活全体の共有化や各関係機関の役割確認が行われ、併せて情報共有のしくみについて具体的な連絡先の確認等も行いました。また、医療機関の看護師と自事業所の看護師との顔合わせを行い、急変時の対応等についても再確認を行いました。

　また、会議に医療的ケア児等コーディネーター（※２）が出席していたので、会議内で機能や役割について質問し、具体的にどのような連携がとれるのか等を確認しました。

　さらに学校教諭に教育支援計画と放課後等デイサービスの個別支援計画の共有について相談をもちかけました（後日、副校長から直接管理者に共有許可の連絡がありました）。

※１　「放課後等デイサービスガイドライン」（厚生労働省社会・援護局障害保健福祉部「障害児通所支援に関するガイドライン策定検討会報告書　平成27年４月１日）放課後等デイサービスを実施するにあたり基本的事項が示されたもの
※２　医療的ケア児が必要とする多分野にまたがる支援の利用を調整し、総合的かつ包括的な支援の提供につなげるとともに、協議の場に参画し、地域における課題の整理や地域資源の開発等を行いながら、医療的ケア児に対する支援のための地域づくりを推進する役割を担っており、各市町村または圏域単位で配置されることになっている。

第
1
章
サビ管・児発管とは

第
2
章
障害福祉の
基本的理念や考え方

第
3
章
支援を
かたちづくる

第
4
章
事業所内での協働

第
5
章
地域とつながる・
地域をつくる

⑥人材育成（OJT・研修受講）

　アキラくんは、計画どおり、週２回の利用を開始し、ほかの児童との交流も増え、担当児童支援員がまとめたアキラくんの意思表出の傾向などを所内で共有したことで、全支援員がアキラくんの意思を確認しながら活動の提供を行っています。

　保護者にも利用時の様子を見に来てもらう等の機会を通して、気兼ねなく相談してもらえるようになってきました。

　また、市内の放課後等デイサービス事業所として医療的ケア児が身近な地域で支援を受けられるようになることの社会的意義の大きさを支援員に伝えたり、医療行為を一手に担う看護師に感謝しつつも、今後の対応として支援員が喀痰吸引等研修を受講できるように管理者に相談をし、希望した支援員に研修を受講してもらい、研修内容の一部を所内へ伝達研修という形式で報告をしてもらう等、アキラくんの支援を通して地域の利用ニーズに応えられる事業所として新たな一歩を踏み出しました。

▶ 5　まとめ

　アキラくんの支援を通して、身近な地域で必要な支援が受けられる体制づくりに寄与すべく関係機関と連携しながら進めてきました。

　このように、これまでの支援体制の不足を軽減解消していくプロセスには関係機関との連携・協働が必要です。

　児発管は地域の社会資源を担っているという自覚をもち、「児童の権利に関する条約」の基本理念にある四つの権利保障の柱（「生きる権利」「育つ権利」「守られる権利」「参加する権利」）を基礎とし「放課後等デイサービスガイドライン」をふまえ、質の高い支援が提供できるようにはたらきかけることが重要です。

　また、児童期であっても（だからこそ）意思決定支援の視点が欠かせません。意思表示力が弱いとされる状態の子どもでも意思があることを前提に、それを大切にしていく姿勢と実践は児発管だけでなく、児童指導員等を含めた支援員が仕事の価値を再認識し誇りをもって業務に従事していく動機になると考えます。子どもの成長を通して支援者もエンパワメントされていくプロセスを共有したいものです。

第3章参考文献

- 厚生労働省社会・援護局障害保健福祉部「障害者ケアガイドライン」2002年
- F.P.バイステック、尾崎新・福田俊子・原田和幸訳「ケースワークの原則──援助関係を形成する技法　新訳改訂版」誠信書房、2006年
- 厚生労働省「障害福祉サービスの利用等にあたっての意思決定支援ガイドライン」2015年
- 厚生労働省「障害児支援の在り方に関する検討会報告書　参考資料2」2014年
- 厚生労働省「児童発達支援ガイドライン」2017年
- 文部科学省「学校における働き方改革特別部会　資料1−2」（平成29年11月6日）
- 前原和明編著「就労系障害福祉サービスにおける職業的アセスメントハンドブック」2021年
- 厚生労働省「身体障害児・者実態調査」（〜2006年）
- 厚生労働省「生活のしづらさなどに関する調査」（2011・2016年）
- 厚生労働省「知的障害児（者）基礎調査」（〜2005年）
- 内閣府「障害者白書　令和4年版」
- みずほ情報総研株式会社「障害福祉サービス事業所等におけるピアサポート活動状況調査」2016年

第 4 章

事業所内での協働

01

管理者との協働

管理者とサビ管・児発管の関係性

　管理者とサビ管・児発管との関係性については第1章で社長と船長という比喩的表現で紹介しました。

　支援現場においての管理者の配置状況は、①事業所の専従配置、②複数事業所の兼務配置、③事業所のサビ管・児発管と兼務配置、④事業所の支援員等と兼務配置のいずれかのパターンかと思いますが、どのパターンであっても管理者の役割は変わりません。

サビ管・児発管の役割

　管理者の役割は事業所の管理運営全般で（例えば労務管理なども含む）、業務範囲が広く責任があります。**サビ管・児発管と最も協働するのはサービスの質の管理**でしょう。事業所の種類等に応じた基本方針（障害者総合支援法・児童福祉法に規定）をふまえ、さらに事業所の特徴や指針等を示し、リーダーシップを発揮するのが管理者といえるでしょう。サビ管・児発管は現場の状況を報告したり相談したりしながら、事業所を切り盛りしていくことになります。

　相談や報告内容は多岐にわたると思いますが、ここではインプットとアウトプットを考えます。まず管理者とサビ管・児発管は異なる視点で状況を見ています。そこで、サビ管・児発管としての視点からとらえた課題等を管理者に報告、相談（インプット）する必要があります。そうして協議した結果の対応策等を周知（アウトプット）していくときに管理者に任せるべきもの、一緒に発信していくべきものなど課題や状況に応じて作戦を立てるべきでしょう。**サビ管・児発管だけが抱え込むことなく管理者と協働していくことが重要**です。

管理者の配置状況の例

①事業所の専従配置

事業所

管理者

②複数事業所の兼務配置

事業所

管理者

事業所

事業所

事業所

③事業所のサビ管・児発管と兼務配置

事業所

管理者　　サビ管・児発管

④事業所の支援員等と兼務配置

事業所

管理者　　支援員等

管理者の役割の例示

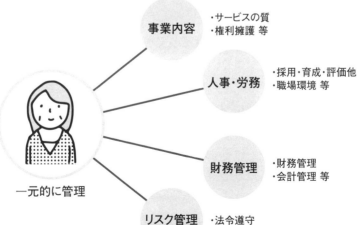

一元的に管理

事業内容
・サービスの質
・権利擁護 等

人事・労務
・採用・育成・評価他
・職場環境 等

財務管理
・財務管理
・会計管理 等

リスク管理
・法令遵守
・危機管理 等

02

現場の支援員との協働

現場の支援員が支援の最前線

サビ管・児発管の役割である**「サービス提供プロセスの管理」「サービス提供者への助言・指導」**はいずれも現場の支援員との協働が不可欠です。

立場上、サビ管・児発管は「現場の支援員を育成しなければ」「的確な指示命令を行わなければ」「現場の支援員の手本にならなければ」と気負いがちですが、一人で抱え込んでも往々にしてうまくいきません。支援の最前線にいて常に利用者や保護者等の変化に接している支援員の力を借りて「事業所内の支援チームとしてともに成長していく」そんな心構えも必要ではないでしょうか。**上下関係ではなく役割が違うことを事業所内に浸透させることに配慮が必要**です。

協働と役割分担

現場での協働とは「利用者の夢や希望の実現のために力を合わせて働くこと」といえるのではないでしょうか。つまり、そのためには「サービス等利用計画」に基づき作成している「個別支援計画」(支援手順書)に基づいた支援を適切に提供し、その結果を記録化し、検証して次の支援につなげていく、この一連の支援過程を本人の意思を中心におきながらサビ管・児発管と支援員が協働していくことが必要です。そのためにはサビ管・児発管との役割分担と協働すべき点の明確化と共有が重要です。

特に支援現場においては日々情報が更新されていきます。こうした情報をタイムリーに共有するしくみや環境を整え、現場の最前線にいる支援員から提供される気づき等を大切にすることで支援員の意欲が喚起されていきます。協働のレベルが高まると事業所の雰囲気に大いに影響するはずです。

事業所内の支援チームをつくる　図

協働と役割分担

利用者の
夢や希望の
実現のために

サビ管・児発管と支援員とが役割分担と協働を行うことが重要です。

支援チームの必要性

□□事業所

利用者

事業所管理者

支援員Aさん

支援員Bさん

サビ管・児発管

複数の支援者がかかわる

03

専門職との協働

▶ 専門職とは

　一般的には教育職や医務職等の専門的職業をさしますが、ここではサビ管・児発管として協働すべき「**専門的な教育課程を受けた専門資格を有する人**」と定義します。

　福祉の現場においては医師やコメディカルの各専門職または保育士、あるいは相談支援専門員や職場適応援助者等も含み多様な人材が思い浮かぶと思います。

▶ 専門性を活かすために

　サビ管・児発管として専門職と協働するためには、まず「**それぞれの専門性を知る**」ことが必要です。それぞれに所持資格等を取得するための教育課程において資格等による倫理観や職業的価値観等を学び、有しています。そのため個人として尊重することも重要ですが専門職として尊重し、それぞれの倫理観や職業的価値観に訴え理解と協力を得ることが重要なのです。

　サビ管・児発管が「サービス提供プロセスの管理」を行うにあたり、より専門的なアセスメントがしたい、また関係機関から提供された情報をより正確に解釈したい、具体的な支援上の配慮点やアイデアがほしい等、専門職の専門性を活かすことで支援の質が向上することは明らかです。

　そのために、それぞれの専門性を知ろうと、誠実な関心を寄せて、聞き手にまわり、期待する内容とその目的を伝えることが重要です。そして、協働の結果について感謝とともに具体的に報告をし、専門性に対する敬意を伝え相手に重要感を感じてもらうことができれば、その後も協働は円滑に行えるはずです。

専門職との協働による支援の質的向上　図

同じ物を見てもそれぞれの専門性で見え方が異なる

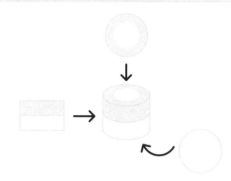

他者・多職種から見てもらうことで、
違った視点から見ることができ、
違ったアセスメントと支え方が導入できます。

多職種連携・チーム支援の効果

継続的で一貫性のあ
るサービス提供が可
能である

多面的・総合的な視
点でのアセスメン
ト・目標設定等がで
きる

同一の内容・水準・対
応等のサービス提供
が可能である

さまざまな機会を通
じて、メンバーの知
識・技術等の向上に
つながる

多職種間での幅広い
知識、技術、経験の共
有とサービス提供が
可能である

記録やアセスメントの
共通・共有により、共通
言語によるカンファレ
ンス（会議）や事務作業
の効率化が図れる

第4章参考文献

- 全国社会福祉協議会編「福祉職員キャリアパス対応生涯研修課程テキスト初任者編」2021年

地域とつながる・
地域をつくる

01

相談支援専門員

▶ 相談支援専門員とサービス等利用計画

相談支援専門員は、障害者総合支援法の市町村地域生活支援事業に位置づけられている相談支援事業の担い手です。障害者等からの相談に応じ、ケアマネジメントの視点や知識を活用し、情報の提供および助言を行います。そして、利用者のニーズに応じて、障害福祉サービスの利用等に必要な支援を行う専門職です。中でも、利用者のニーズを障害者総合支援法や児童福祉法に位置づけられている、公的なサービスにつなげるための**サービス等利用計画書**を作成する重要な責務があります。

▶ 特定相談支援と一般相談支援

特定相談支援事業の指定は各市町村が行い、障害者総合支援法に位置づけられた障害福祉サービスを利用する際の計画の作成を行います。主にサービス等利用計画を作成する業務が中心になります。

一方、**一般相談支援事業**は都道府県が指定をし、障害者総合支援法に位置づけられた地域移行支援、地域定着支援を行います。施設や病院を出て地域生活を希望する障害者は、地域で安定した生活を送るための技術や、その準備のためにさまざまな支援や経験が必要となります。

▶ 障害児相談支援

児童福祉法に基づく障害児を対象とした相談支援であり、事業は市町村が指定をします。指定には特定相談支援事業の指定を受けていることが前提となります。**障害児相談支援**には、障害児支援利用援助と継続障害児支援利用援助の二つの支援があります。

相談支援事業の類型としくみ 図

障害者相談支援事業 イメージ図

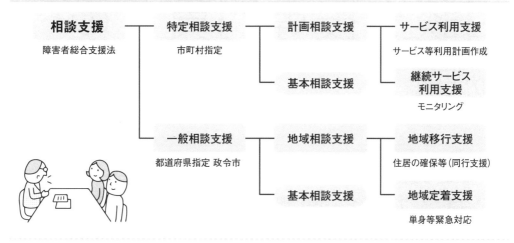

相談支援
障害者総合支援法

- **特定相談支援**
  市町村指定
  - **計画相談支援**
    - **サービス利用支援**
      サービス等利用計画作成
    - **継続サービス利用支援**
      モニタリング
  - **基本相談支援**
- **一般相談支援**
  都道府県指定 政令市
  - **地域相談支援**
    - **地域移行支援**
      住居の確保等（同行支援）
    - **地域定着支援**
      単身等緊急対応
  - **基本相談支援**

障害児相談支援
児童福祉法 市町村指定
※障害児相談支援は「特定相談支援事業」の指定を受けることが前提となります。

- **障害児支援利用援助**
  障害児通所支援
- **継続障害児支援利用援助**
  モニタリング

計画相談・障害児相談のしくみ

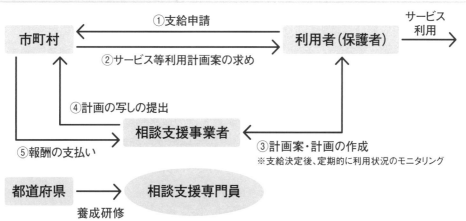

市町村 ←①支給申請― **利用者（保護者）** →サービス利用→

―②サービス等利用計画案の求め→

④計画の写しの提出

⑤報酬の支払い

相談支援事業者

③計画案・計画の作成
※支給決定後、定期的に利用状況のモニタリング

都道府県 →養成研修→ **相談支援専門員**

02

相談支援専門員との協働

▶ なぜ協働するのか

　サビ管・児発管は、障害福祉サービスの提供にあたり、事業所外の関係者との協働がとても重要となります。なぜならば、利用者の生活は公的な障害福祉サービスを受けるだけでは完結しません。一般的に人が生活に必要とする社会資源と公的な障害福祉サービスを上手に併用することで、利用者の生活は成り立っているからです。**サビ管・児発管が、利用者の生活全体をマネジメントする相談支援専門員と常に二人三脚で利用者支援にあたることで、利用者自身の生活の質の向上につながっていく**わけです。

▶ 計画書は協働するための重要なツール

　児童も成人も計画書は利用者ニーズと支援（サービス、手立て）を結びつける重要なものです。船の運行でいえば、計画書は海図ともいうべきもので、支援する関係者が協働するための重要なツールとなります。

　サービス利用支援は、障害福祉サービス等の申請に係る支給決定の前にサービス等利用計画案（仮計画）を作成します。支給決定後、サービス事業者等との連絡調整等を行うとともに、サービス等利用計画（本計画）を作成します。

　継続サービス利用支援（モニタリング）は、障害福祉サービス等の利用状況等の検証、評価（モニタリング）を行い、サービス事業者等との連絡調整、必要に応じて新たな支給決定等に係る申請の調整をします。一方、相談支援事業を効果的に利用するためには、**右図**に示したとおり、制度上の位置づけや相談内容によって役割や機能が異なりますので理解しておくことが必要です。

相談支援事業の役割や機能　図

現行の相談支援体制の概略

相談支援事業名等	配置メンバー	業務内容実施状況等
基幹相談支援センター	定めなし(地活要綱例示) 相談支援専門員 社会福祉士 精神保健福祉士 保健師等	・総合的・専門的な相談の実施 ・地域の相談支援体制強化の取り組み ・地域の相談事業者への専門的な指導助言、人材育成 ・地域の相談機関との連携強化 ・地域移行・地域定着の促進の取り組み ・権利擁護・虐待の防止
障害者相談支援事業 実施主体:市町村→指定特定相談支援事業者、指定一般相談支援事業者への委託可	定めなし	・福祉サービスの利用援助(情報提供、相談等) ・社会資源を活用するための支援(各種支援施策に関する助言・指導) ・社会生活力を高めるための支援 ・ピアカウンセリング ・権利擁護のために必要な援助 ・専門機関の紹介等
指定特定相談支援事業所 指定障害児相談支援事業所	専従の相談支援専門員 (業務に支障なければ兼務可)、 管理者	・基本相談支援 ・計画相談支援 　・サービス利用支援 　・継続サービス利用支援 ※特定事業所加算を受けている場合は24時間対応および困難事例にも対応する場合あり
指定一般相談支援事業所	専従の指定地域移行支援従事者(兼務可)、うち1以上は相談支援専門員 管理者	・基本相談支援 ・地域相談支援 　・地域移行支援 　・地域定着支援

地域づくりの第一歩はいろいろな人とつながることが大切です。相談支援専門員やサビ管・児発管同士の顔が見える関係づくりを目指しましょう。

03

サービス等利用計画・障害児支援利用計画

　障害者が障害者総合支援法に基づくサービスを利用するためには、相談支援事業者が作成する「**サービス等利用計画**」などが必要となります。また、障害児が児童福祉法に基づく障害児支援を利用するためには、「**障害児支援利用計画**」が必要となります。

▶ サービス等利用計画

　障害のある人の生活はけっして公的なサービスだけで完結するものではありません。しかし、利用者が抱える障害や病気から、いろいろな生活上の問題が生じたときには相談支援につなげ、必要な人へはサービス等利用計画に基づいて、公的なサービスを提供します。この計画は**本人の希望や意向などに基づいて作成され、サービスの種類や内容、目標、利用する量等を、総合的に盛り込んだもの**です。「継続サービス利用支援（モニタリング）」は、支給決定期間内の一定期間ごとに、サービス等利用計画が適切かどうかの評価を行い、サービス事業者等との連絡調整などを行います。また、必要に応じて「サービス等利用計画」の見直し等も行います。

▶ 障害児支援利用計画

　障害児通所支援（児童発達支援、医療型児童発達支援、放課後等デイサービス、保育所等訪問支援、居宅訪問型児童発達支援）を利用する障害児の心身の状況や環境、障害児または保護者の意向などをふまえて障害児支援利用計画を作成します。作成された計画書をふまえて、サービス事業者等との連絡調整などを行います。また、「継続障害児支援利用援助（モニタリング）」により、利用している障害児通所支援について、その内容が適切かどうか一定期間ごとにサービス等の利用状況の検証を行います。

種類

支援の名称	対象者	作成期間
サービス等利用計画	障害福祉サービスを利用する方	原則年1回（状況の急激な変化などにより、作成回数が増えることはある）
障害児支援利用計画	障害児通所支援を利用する方	原則年1回（状況の急激な変化などにより、作成回数が増えることはある）
継続サービス利用支援	障害福祉サービスを利用する方	おおむね3か月に1回（必要に応じて毎月や2か月に1回もある）
継続障害児支援利用援助	障害児通所支援を利用する方	おおむね3か月に1回（必要に応じて毎月や2か月に1回もある）

※セルフプランにおける留意点（成人・児童共通）
相談支援専門員の不足などから、障害者や障害児の家族が自分自身で作成するプラン（セルフプラン）も認められているが、自分自身で作成できないものや児童の場合、成人後も継続的な支援が必要となることから、できるだけ早期に相談支援事業所に依頼することも重要となる

サービス等利用計画の様式

利用者氏名		障害支援区分		相談支援事業者名	
障害福祉サービス受給者証番号		利用者負担上限額		計画作成担当者	
地域相談支援受給者証番号					
計画作成日		モニタリング期間（開始年月）		利用者同意署名欄	
利用者及びその家族の生活に対する意向（希望する生活）					
総合的な援助の方針					
	長期目標				
	短期目標				

優先順位	解決すべき課題（本人のニーズ）	支援目標	達成時期	福祉サービス等 種類・内容・量（頻度・時間）	提供事業者名（担当者名・電話）	課題解決のための本人の役割	評価時期	その他留意事項
1								
2								
3								

04

サービス担当者会議での連携

サービス担当者会議とは

相談支援専門員は支給決定を受け、①サービス等利用計画案の変更を行い、②障害福祉サービス事業者等との連絡調整を行うとともに、③サービス担当者会議の開催等により、サービス等利用計画案の内容について説明を行い、サービス等の担当者に専門的な見地から意見を求めなければならないとされています。

サービス担当者会議には、本人や家族のほか、サービス等利用計画書に記載されているサービス提供事業者、さらには地域の中で支える民生委員のほか、インフォーマルな社会資源の関係者の参加も考えられます。また、支援が難しいケースやリスクが大きい場合には、行政職員や医療関係者など、状況に応じて柔軟に参加者を決めていきます。会議は本人の意向や総合的な支援方針、支援目標、支援内容、各機関の役割分担などについて再確認する機会となり、チーム支援を進めていく上でもとても重要な会議となります。

サービス担当者会議を活用した連携

日頃、事業所の中での支援に携わっていると、外部の支援機関の人たちと顔を合わせることは多くありません。サービス担当者会議は外部の支援者と顔を合わせる貴重な機会となります。また、さまざまな支援者からの意見を聞くことで、**生活全般に視野を広げることができるとともに、幅広く多角的な視点で利用者を理解すること**につながります。

個別支援会議は"事業所の中での支援を深める"、サービス担当者会議は"地域の中での支援をつなげる・ひろげる"というものです。サビ管・児発管としては、そのような会議の機能をふまえつつ、連携の場として活用していけるとよいでしょう。

つながる支援の場（サービス担当者会議）とその効果　図

つながる支援と深める支援（サービス担当者会議と個別支援会議）

会議の場を活用した連携
「サービス担当者会議」と「個別支援会議」

サビ管・児発管の「つながる支援」と「深める支援」

○ サービス担当者会議

生活訓練職員
サビ管（生活訓練）
相談支援専門員
サビ管（GH）
市町村
叔母さん
利用者
ピアサポート
精神科病院

「つながる支援」

・サビ管・児発管は、相談支援専門員等と連携して、個別支援の課題を解決するためのチームをつくり、地域でサポートするためのネットワークを組織する。相談支援専門員による「サービス担当者会議」に参加する

相談支援専門員によるサービス等利用計画は、トータルプラン

○ 個別支援会議

サビ管（GH）
世話人
世話人
叔母さん
利用者
世話人
相談支援専門員

「深める支援」

・サビ管・児発管は、サービス等利用計画をもとに、事業所内で「個別支援会議」を開き、個別支援計画（生活プラン）を作成する

サビ管・児発管による個別支援計画（生活プラン）

サービス担当者会議に参加する効果

アセスメントを客観的に見直す機会		サービス利用以外の場面の利用者の様子を知る機会
サービス等利用計画と個別支援計画の連動を深める機会		人材育成や事業所の支援の質の向上の機会

05

見立てと意見の違いを活かす

▶ 立ち位置・視点の違い

　地域の中で多職種とつながり、チームで支援を進めていくと、少なからず自身の見立てや方針、考え方などと違う意見が出てきます。それは各専門職で、**学びや日々の経験、さらにはおかれている立場などが違うために、見え方やとらえ方に違いがある**ということです。

　医療分野、教育分野など、さまざまな分野の専門職との連携においては、それぞれの立ち位置や視点で利用者を理解した上で支えていくことになります。福祉分野でも経験や保有資格によって専門性や得意分野も違ってきますので、**多角的に見て、理解する**ということがとても重要になります。

▶ 間違い指摘反射

　「間違い指摘反射」とは、支援者が利用者をよりよく導きたいという思いから、利用者が間違った道を進んでいると、それを指摘して正しい方向に向けようとするかかわりのことです。

　特に支援者（親も含む）が、相手を助けたい、幸せになってもらいたいという温かい心をもっていると、より間違い指摘反射がはたらきやすいといいます。その結果、**助言や説得、指導などで、その"間違い"を反射的に正そうとしてしまいがち**です。

　これは連携する関係機関に対しても同様です。そのようにならないためには、**"違い"を"間違い"ととらえないような心もちや意識が重要**になります。むしろ、**"違い"には、"貴重な気づき"が隠されているととらえる**とよいでしょう。そうすることでアセスメントにおける視野が広がり、支援の質も上がっていくことが期待できます。

見え方・見立ての違いととらえ方　図

第 1 章　サビ管・児発管とは

第 2 章　障害福祉の基本的理念や考え方

第 3 章　支援をかたちづくる

第 4 章　事業所内での協働

第 5 章　地域とつながる・地域をつくる

見る角度によって違ったものに見える

同じ空を見ているのに
見立ては違う

もう雨は降らなそう
傘もいらないな

これから雨が降るかも
折りたたみ傘を持っておこう

すぐにでも雨が降りそう
傘を持っておこう

"違いには貴重な気づきがあるかもしれない"

違い		とらえ方		結果

立ち位置
学び　⇨　見立て
専門性

⇨　気づき　⇨　活かす

or　　　　or

⇨　間違い　⇨　修正

"違い"にこそ"貴重な気づき"が隠されている

06

家庭や教育機関との連携

▶ 家庭・教育・福祉の連携「トライアングル」プロジェクト

発達障害をはじめ障害のある子どもたちについては、学校生活だけではなく、家庭生活や福祉サービスの利用も含めた地域での生活まで、**長期的な視点での切れ目のない一貫性のある支援を行うことが重要**です。その連携した支援を強化・推進するために文部科学省と厚生労働省では、「家庭と教育と福祉の連携『トライアングル』プロジェクト」が発足し、家庭と教育と福祉のよりいっそうの連携を推進するための方策が検討されました。

特に、教育と福祉の連携については、学校と児童発達支援事業所、放課後等デイサービス事業所等との相互理解や、保護者も含めた情報共有の必要性が指摘されています。

▶ 個別の教育支援計画を活用した連携

特別支援学級や特別支援学校に在籍する幼児児童生徒については、**個別の教育支援計画（学校と関係機関等との連携の下に行う当該幼児児童生徒に対する長期的な支援に関する計画をいう）**を作成することとなっています。また、その作成にあたっては、本人や保護者の意向をふまえつつ、支援に必要な情報について関係機関との共有を図ることになります。

特別支援教育における学習指導要領には**自立活動（1．健康の保持、2．心身的な安定、3．人間関係の形成、4．環境の把握、5．身体の動き、6．コミュニケーション）**という指導領域があり、それらは障害福祉サービスでの支援内容や見すえる課題と重なる部分も少なくありません。ですので、個別支援計画を作成する際は、保護者の了承を得た上で、**学校の計画や教育・支援目標などを共有することも有効ですし、一貫した連携支援を行う際にも、とても重要な情報**になるでしょう。

家庭・教育・福祉の連携

1. 教育と福祉との連携に係る主な課題

学校と放課後等デイサービス事業所において、お互いの活動内容や課題、担当者の連絡先などが共有されていないため、円滑なコミュニケーションが図れておらず連携できていない

2. 保護者支援に係る主な課題

乳幼児期、学齢期から社会参加に至るまでの各段階で、必要となる相談窓口が分散しており、保護者は、どこに、どのような相談機関があるのかがわかりにくく、必要な支援を十分に受けられない

今後の対応策

1. 教育と福祉との連携を推進するための方策

・教育委員会と福祉部局、学校と障害児通所支援事業所との関係構築の「場」の設置
・学校の教職員等への障害のある子どもに係る福祉制度の周知
・学校と障害児通所支援事業所等との連携の強化
・個別の支援計画の活用促進

2. 保護者支援を推進するための方策

・保護者支援のための相談窓口の整理
・保護者支援のための情報提供の推進
・保護者同士の交流の場等の促進
・専門家による保護者への相談支援

具体的な取り組み例

（厚生労働省）
・放課後等デイサービスガイドラインの改定
・障害福祉サービス等報酬改定で拡充した連携加算を活用し、学校との連携をさらに推進

（文部科学省）
・個別の支援計画を活用し、切れ目ない支援体制を整備する自治体への支援
・保護者や関係機関と連携した計画の作成について省令に新たに規定

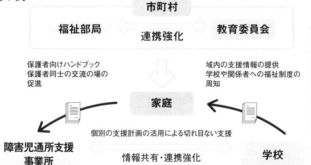

市町村

福祉部局 ⟷ **教育委員会**

連携強化

保護者向けハンドブック
保護者同士の交流の場の促進

域内の支援情報の提供
学校や関係者への福祉制度の周知

家庭

個別の支援計画の活用による切れ目ない支援

情報共有・連携強化

障害児通所支援事業所

学校

支援計画（福祉・教育）の関係

福祉的プラン　　　　　　　　　　　　　　　教育的プラン

サービス等利用計画
障害児支援利用計画
（相談支援事業所）

共通領域

個別の教育支援計画

個別支援計画
（放課後等デイサービス等）

"自立活動"

個別の指導計画

※「自立活動」…特別支援学校学習指導要領における自立活動

07

医療機関との連携

アセスメント

　児童期や成人期、サービスの種類（就労系・介護系サービスなど）、障害種別によって、アセスメントの内容や重きをおくポイントは多少変化してきます。

　その中でも、**医学的な視点からの情報は、支援においての根拠（エビデンス）やリスクマネジメントの面から考えても重要なものです**。健康状態が良好ではない場合は、生命にかかわることもあるので、特に慎重に進めなければなりません。その他、**発達障害の診断や見立て、医療的ケアが必要な場合にも、より丁寧な情報収集が必要**になります。そのような点について留意しながら医療機関との連携やアセスメントを進めていくこともサビ管・児発管の役割になります。

どのように連携すればよいか

　医療機関との連携においては、主治医からの情報をどのように得るかがポイントになります。とはいえ、個人情報の取り扱いの問題や主治医との連絡調整が難しい場合もあり、必ずしもスムーズにいくとは限りません。では、どのように連携を進めていけばよいでしょうか。まず、一つは**通院同行**し、直接主治医から意見を聞く機会をつくることです。正確な情報を得るためには、最も有効な手段といえます。

　その他、主治医によっては**文書やメールなどを活用**したやり取りが可能な場合もあります。電話でのやり取りについては、診療の合間や終了後に可能な場合もありますので、相談してみましょう。

　あとは、**相談員やMSW（医療ソーシャルワーカー）が配置されている医療機関においては、そのような職種の人を介して情報収集することも有効な手段**となります。

情報提供とつながる方法　図

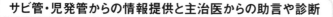

サビ管・児発管からの情報提供と主治医からの助言や診断

～受診の必要性～
現状
変化
エピソード
見立て

健康状態
診断（障害特性）
見立て
手立て（意見）
服薬やリスクなど

障害種別に
合わせた情報

どのようにつながるか

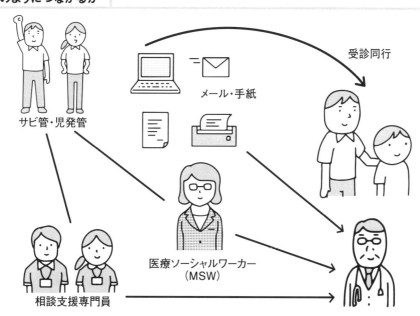

サビ管・児発管

メール・手紙

受診同行

医療ソーシャルワーカー
（MSW）

相談支援専門員

第1章 サビ管・児発管とは

第2章 障害福祉の基本的理念や考え方

第3章 支援をかたちづくる

第4章 事業所内での協働

第5章 地域とつながる・地域をつくる

08

地域の相談支援体制
への参画

▶ サビ管・児発管は直接支援の窓口

　障害のある人々は、さまざまな社会資源を活用しながら、地域の中で生活しています。近くのスーパーやコンビニ、映画館などの当たり前にある資源や、生活介護や就労継続支援などのフォーマルなサービスなど、利用する社会資源は多岐にわたります。それらの社会資源の利用をコーディネート（間接支援）するのが相談支援専門員です。一方、**サビ管・児発管は、フォーマルなサービスを利用（直接支援）する際の窓口になるとともに、事業所と地域をつなぐ接点となります。また、その窓口には、相談支援専門員だけではなく利用者や支援関係者がアクセスします。まさに"事業所の顔"という存在であり、"最初に接する人"となることも多いでしょう。

▶ どのように参画していくか

　"生活"というくくりで考えると、すべての支援者は当然のことながらつながっており、相談支援専門員だけでは生活支援は成立しません。利用者の相談や困りごと、ニーズも相談支援専門員ではなく、日々身近で支援しているサビ管・児発管が対応したほうがよいケースもあるでしょう。そのような支援をしつつ、**相談支援専門員と連携し、点ではなく、"生活"という面での支援をつくっていくこと、それ自体が地域の相談支援体制に参画しているといえる**でしょう。そのためにもまずは、利用者のニーズをキャッチし、それをきっかけに**相談支援専門員とつながり、情報や意見を共有する**こと、それが地域の相談支援体制に参画することの大きな第一歩になります。

　あらためて"窓口"であり"接点"でもあるということを自覚し、積極的に地域の相談支援体制に参画していきましょう。

相談支援体制

障害者総合支援法における相談支援事業の体系
◎ 個別給付で提供される相談支援

障害者総合支援法

一般相談支援事業
（都道府県による指定）

基本相談支援　地域相談支援

地域移行支援　地域定着支援

地域相談支援給付費の支給

特定相談支援事業
（市町村による指定）

基本相談支援　計画相談支援

サービス
利用支援　継続サービス
利用支援

計画相談支援給付費の支給

児童福祉法

障害児相談支援事業
（市町村による指定）
※特定相談支援事業の指定を
ともに受けることが望ましい

障害児支援
利用援助　継続障害児
支援利用援助

障害児相談支援給付費の支給

◎ 地域生活支援事業により実施される相談支援

実施主体は市町村　※適切な一般相談支援事業者または
特定相談支援事業者へ委託可能

障害者相談支援事業（必須事業）
※主に個別給付による相談支援では対応が困難であったり、
対象とならない事例等に対して一般的な相談支援を行う

地方交付税措置

基幹相談支援センター
※地域の中核的な機関として、一般的な相談に加え、総合的・専門的相談
を行うとともに、地域の相談支援体制強化の取り組み等を行う

地方交付税措置 ＋ 基幹相談支援センター等
機能強化事業（補助金）

連携のイメージ

相談支援専門員とサビ管の連携イメージ
Aさんの事例から

自宅からグループホームに入居して2か月経ったAさん。特定のこだわり行動による混乱も徐々に
解決され、生活にも慣れてきた。日中は就労継続支援B型事業を利用している。休日には行動援護を
使って地域の活動への参加が始まって楽しみが増えてきた

行動援護事業所の
サービス提供責任者

相談支援専門員をキーパーソンとして
サービス等利用計画（トータルプラン）を作成し
良質なサービスが提供されるよう支援する

相談支援専門員

行政職員

サービス等利用計画

行動援護事業所
行動援護計画

家族

グループホームの
サビ管

グループホーム
個別支援計画

Aさん

地域の活動仲間

就労継続支援B型事業所の
サビ管

就労継続支援B型事業所
個別支援計画

09

協議会への参画

▶ 協議会とは

協議会は、地域の関係者が集まり、個別の相談支援の事例を通じて明らかになった**地域課題を共有し、その課題をふまえて、地域のサービス基盤や支援体制の整備を進めていく役割**を担っています。「**自立支援協議会**」という名称で設置している自治体も多く、構造や内容もさまざまですが、基本的には**六つの機能**（「情報機能」「調整機能」「開発機能」「教育機能」「権利擁護機能」「評価機能」）をもつことを期待されています。協議会は都道府県単位の設置に加え、各地方自治体、あるいは複数の地方自治体での合同や圏域単位で設置されています。

また、自治体によって体制はさまざまですが、多くが専門部会を設置しています。例えば、相談支援体制や相談支援の質向上に係ることを協議する部会や、「就労」「子ども」「権利擁護」など、さまざまなカテゴリーの部会が設置されています。

▶ 協議会にどのように参画するか

協議会は相談支援事業所や行政が主となり運営している自治体が大半です。サービス提供事業所やサビ管・児発管の人々は、全体会の委員や部会の委員として参加することが多いでしょう。協議会では、地域課題を抽出し、それに合わせた解決策や社会資源の開発などに取り組みます。地域課題は個別の相談支援の事例を通じて明らかになる課題ですので、**利用者に近い立場であるサビ管・児発管の気づきは、地域課題の抽出にはとても重要なもの**になります。そのような点からも、協議会に直接的に参加するだけではなく、**サービス担当者会議への参加や相談支援専門員との連携により地域課題の抽出にかかわることも参画の一つ**といえるでしょう。

自立支援協議会

自立支援協議会はプロセス（個別課題の普遍化）

機能する協議会のイメージ

全体会 年2〜3回

専門部会（プロジェクト） 毎月開催

定例会 毎月開催

事務局会議（運営会議） 毎月開催・随時

一般的な協議会のイメージ
ニーズ・課題・困難ケース等

Aさんの	Bさんの	Cさんの	Dさんの
個別の支援会議	個別の支援会議	個別の支援会議	個別の支援会議

ポイント5
＊全体会において地域全体で確認

ポイント4
＊課題別に具体的議論を深める。社会資源の改善・開発を全体会に提案

ポイント3
＊定例会で地域の情報を共有し、具体的に協議する場（参加者は現場レベル）

ポイント2
＊個別の支援会議で確認した課題の取り扱いについて事務局会議（運営会議）で協議・調整（交通整理役、協議会のエンジン）

ポイント1
＊個別の支援会議は協議会の命綱　これが開催されないと、協議会の議論が空回りする場合が多い。
＊本人を中心に関係者が支援を行う上での課題を確認する場

自立支援協議会の六つの機能

情報機能	○困難事例や地域の現状・課題等の情報共有と情報発信
調整機能	○地域の関係機関によるネットワーク構築 ○困難事例への対応の在り方に対する協議、調整
開発機能	○地域の社会資源の開発、改善
教育機能	○構成員の資質向上の場として活用
権利擁護機能	○権利擁護に関する取り組みを展開する
評価機能	○中立・公平性を確保する観点から、委託相談支援事業者の運営評価 ○サービス利用計画作成費対象者、重度包括支援事業等の評価 ○市町村相談支援機能強化事業及び都道府県相談支援体制整備事業の活用

第5章参考文献

- 厚生労働省「令和元年度相談支援従事者指導者養成研修」資料
- 平成27年度 サービス管理責任者研修テキスト分野別講義「アセスメントとサービス提供の基本姿勢」〈地域生活（知的・精神）〉
- 文部科学省ホームページ「家庭・教育・福祉の連携『トライアングル』プロジェクト報告」
- 公益財団法人日本障害者リハビリテーション協会「自立支援協議会の運営マニュアル」2008年

第 6 章

人を育てる・支える

01

スーパービジョン

　スーパービジョンを行う人を「**スーパーバイザー（バイザー）**」と呼び、スーパービジョンを受ける人は、「**スーパーバイジー（バイジー）**」と呼ばれています。

　スーパービジョンは、バイジー（事例提出者）に焦点をあてた討議や対話、バイザーの関心、判断、助言を通じてバイジーが気づき、行動変容が促されること、さらにはバイジーの気づき、行動変容により、最終的には利用者との関係性に変化が生じ、利用者の行動変容につながることを目的とします。

▶ サビ管・児発管はスーパーバイザー

　支援に困難を感じたときや行き詰まりを感じた際には、バイザーの力を借りて現状を客観的にとらえ直し、知識や技術面および感情面の課題などに、気づきを得る必要があります。最近の支援場面では、従来型の指示するだけのリーダーシップではケアマネジメントによるチームは機能しないことが多くありますので、定期的にスーパービジョンを行う体制づくりが必要となっています。**サビ管・児発管は、事業所のバイザーとして、部下等のバイジーの仕事に関して、方向性を与え検証・評価する権限と責任をもって職務にあたる**ことになります。

▶ 上から目線で教えるのではなく、自己の成長を促進するスーパービジョン

　サビ管・児発管として、重要なのは支持的機能です。迷ったり、問題に気づかずにいる部下（バイジー）に上から目線で教えるのではなく、気づきや環境とのアクセスに工夫を加えることで、**新たな展開につながるよう方向づけることがスーパービジョンの本質**だからです。

スーパービジョンの流れ

実践がうまくいかない

支援がうまくいかない
過去の実績や経験に裏づけられたノウハウが通用しない場面が生じた場合

$\updownarrow$

頑張ってあれこれやったけど……

個々の力だけで打開しようとしてもうまくいかない

$\updownarrow$

スーパービジョン

利用者の課題を環境も含めて生活全体としてとらえ直し、その解決方法を
本人だけでなく幅広い環境へのはたらきかけを通して見直そう！

$\updownarrow$　　　　スーパーバイジー

気づき
ひらめき

実践に活かす

新たな気づきや発見があり、アイデアを具体化する動機づけになる

$\updownarrow$

スーパーバイジーの
エンパワメント・行動変容　←　利用者への　→　利用者のエンパワメント・
　　　　　　　　　　　　　　　かかわりの変化　　　　行動変容

スーパービジョンの機能

支持的機能	スーパーバイザーとスーパーバイジーの信頼関係を築き、受容的関係の中で、知識や技術を学べるようスーパーバイジーを支えていく
教育的機能	ソーシャルワークの価値倫理、専門知識や技術を身につけさせて、業務の遂行を可能なレベルに訓練していく。個別的自己覚知や専門職としての自己覚知を促すことも目的となる
管理的機能	当該施設(事業)の目的(ミッション)・機能を果たすべく、スーパーバイジーに一定レベルの支援を求めること。教育的側面や燃え尽き防止など人事管理の側面もある

02

事例検討

事例検討とは

事例検討とは、利用者に焦点をあてた討議や対話のことです。目的としては、具体的に生じている問題を解決することや、利用者に即した理解を進めたり、援助方法を拡充するためにさまざまな角度から検討することです。例えば、ある知的障害のある人の施設外への飛び出しが問題となっている場合、障害（自閉症など）や病気を原因として起こっていることなのか、個人の特性（外出が好き）なのか、あるいは、環境の中に問題があり、その関係性から生じていることなのかなど、原因によって対処方法は異なってきます。そして、さまざまな仮説は立つが確信には至らない場合などに事例検討が有効となります。**支援者が迷ったり、行き詰まったときに行う点では、スーパービジョンに近い要素も含まれますが、検討の方法と効果の違いを意識して行うことが大切**です。

謙虚な姿勢で考える

事例検討の中ではしばしば、支援者の知識や技術不足によることが原因で問題行動が起こっていたり、増長していることがあります。スーパービジョンにおいてはスーパーバイジーの気づきを中心に進めますが、事例検討は支援者が知識や技術を身につけるためのきっかけとなり、どちらかというと「教えてもらう（アドバイス）」といったことに重きがおかれます。ですから、事例検討の中では、障害や病気、利用者の個人特性、背景要因などの理解を深めるための、多種多様な知識が必要です。**人が人を支援することの難しさを十分に理解し、利用者が有する価値に気づき、「どんな思いや気持ちなのだろうか」と慮りながら、謙虚な姿勢で事例検討を行うことが肝要**です。

事例検討の流れ

問題行動があって困った

支援がうまくいかない・知識や技術が未成熟
わからないことだらけで、他の人に通じることが通じない

↕

頑張ってあれこれやったけど‥‥

先輩に助言やアドバイスを受けたけれど、うまくいかない

↕

事例検討

・障害や病気の理解が不足していた
・専門用語が理解できた

・無理に力で押さえつけては逆効果だとわかった
・利用者の好きなことや得意なことに気がついた

利用者への
かかわりの変化

実践に活かす ←→ **利用者**

対象職員の変化
先輩の指導のもと、アドバイスを受け見様見真似でやったみた
少し自信が湧いてきた

障害や病気に
対する別の研修が
必要だと感じた

↕

問題意識をふまえた
研修会への参画など

※「見立て（推測）」と「根拠（原因）」と「手立て（支援方法）」の、どこにポイントをおいて検討し、
　意見を求めているのか。確認しながら行うことが、とても重要となる

事例検討が必要な例

ケアチームのメンバーに
共通の認識が不足し
機能不全が起きている場合

本人との支援関係や
信頼関係が
築けない場合

ニーズと
個別支援計画に乖離が
生じている場合

本人のニーズが
わからない、
コロコロ変わる場合

多様なニーズを
抱えている個人や家族に対して、
誰が支援のチームリーダーで
あるかわからない場合

03

OFF-JT
(Off the Job Training)

▶ **OFF-JTとは**

　OFF-JT とは、日頃の業務場所を離れ、業務外の場所で教育や訓練などの研修を受けることをいいます。日常の業務の中では得られにくい知識や技術を学び、日々の実務へ活かすことが目的となります。社会福祉事業を提供するものは、法律や告示等にサービスの質向上に努めることが明記されています。そのため、すべての社会福祉事業者は提供するサービス等の質の向上を図るために、職員の人材育成の取り組みは重要な責務となります。一般的に「**OFF-JT**」「**OJT（職場内教育・研修）**」「**SDS（自己啓発援助制度）**」の三つの教育研修をバランスよく推進することが有効とされています。

▶ **専門性の向上は人としての成長とリンクする**

　「人材は育てるものでもあるが、自ら育つものでもある」という格言があるように、OFF-JT で得たものを仕事の中に活かし、生活の中に活かし、人として大きくなろうという自分自身の努力も必要となります。サビ管・児発管は、人材育成を事業所の提供する研修のみに頼るようではならないですし、直接業務に関係ある専門的学習だけを大事にすることでは不十分といわれています。人として、広く美しい音楽を聴くとか、よい絵画彫刻を鑑賞するとか、別の分野の良書を読んで教養を深めることも必要とされていきます。なぜならば、**人としての生き方や、人生勉強をすることが、人の有する価値に気づくことになり、そのことが専門職としてのあなたを育てることにつながる**からなのです。専門職とは優れた一人の人間、あるいは心豊かな人間性を求め続けることの中から形成され、すばらしい実践につながるものといえるでしょう。

教育研修のバランス

OJT

SDS
（自己啓発）

仕事以外の
教養や
経験（人生勉強）

OFF-JT

計画性をもってバランスやタイミングよく、研修機会などを活用することが人材育成には効果的です。

知識や技術をレベルアップ

人として必要なことも吸収する

専門職として成長する

提供するサービスの質の向上

OFF-JTのメリット

体系立てて知識や技術を習得しやすいこと。同じことを学ぼうとする研修生が集うことで業務や組織の壁を越えて交流が生まれ、新たに業務へのモチベーションが生まれやすくなる

OFF-JTのデメリット

業務を中断し、事業所外に出張させるための時間の確保や経済的な負担が生じる。研修効果が実践に現れてくるまでに多くの時間を要することになる

04

OJT
(On the Job Training)

▶ OJTとは

OJT は、事業所内の部下や上司、先輩や後輩、並列の職員同士で具体的な業務を指導します。実務における知識や技術、スキルなど、計画的に意図をもって教えることで、非常に効果的で即効性があるといわれています。また、ステップアップを着実に図るために、到達目標を明示し継続的に行うことがとても重要となります。事業所内に人事考課制度がある場合には、到達目標を達成したものには、労働の対価や待遇に反映ができるよう、そのしくみと連動していることがとても重要となります。

▶ 個人とチームの成長を意識したOJT

福祉業界は慢性的な人員不足なので、職員の離職率を低減することはとても重要です。なぜならば、師弟制度のような若い人が経験豊富な職員のもとで修行するような体制を構築することは離職率の高さからも難しい状態だからです。そのため、職員の離職を少しでも防ぎ業務に順応するため、現場での教育システムとミスがあったときのフォロー体制（チーム）を整える必要があります。

サビ管・児発管は、**現状の OJT 体制が職員にとって満足なものか、常にアンテナを張り、個別の対話や積極的なコミュニケーションを通じて、個人とチームのアセスメントを行う**必要があります。また、各担当者によって OJT の内容が違っていたり、伝え方、教え方がまちまちですと、OJT を受ける職員は混乱が生じやすくなります。現場での OJT は手順や伝え方を統一し、どのように OJT を行えばよいのか、助言や指導する側への教育も行うことで、教育効果を最大値にすることができます。

職員（個人）の成長イメージ

ステップアップ

**画一的な
マニュアルどおりの仕事**

**自己の判断で
柔軟性のある仕事**

1年目　　2年目　　3年目　　4年以上

必要最小限で
責任が軽い仕事

仕事量だけではなく、
質が高く責任の重い仕事

個人とチームの成長によるOJT

新たな課題が
起こる　→　個人が成長する

業務の質が向上する　　チームが成長する

チームが成長する　　業務の質が向上する

個人が成長する　　新たな
課題が起こる

人材の育成（個人）とチーム力の
アップを繰り返し、サービス提供の
レベルが上がる

個人とチームの成長により
サービスの質が向上し続ける好循環

らせん状に成長

05

従業員満足度（ES）と顧客満足度（CS）

▶ 従業員満足度（ES）と顧客満足度（CS）

従業員満足度（**ES**：Employee Satisfaction）とは「従業員（職員）がその仕事、職場にどのくらい満足しているか」を測る指標です。仕事内容や職場環境、給与待遇だけでなく、人間関係や福利厚生、ワークライフバランスといった要素もかかわってくるものです。

顧客満足度（**CS**：Customer Satisfaction）とは、福祉サービスで考えると、**サービス（支援）に対して利用者がどのくらい満足したか**、を測る指標です。サービスを利用したときに、期待していた以上の効果を感じれば、サービスに対する顧客（利用者）満足度は高まります。逆に、期待していたよりも不満点が多ければ満足度は下がります。

▶ サービスの質を高めるために

法人・事業所の成長において欠かせない従業員満足度（ES）と顧客（利用者）満足度（CS）のどちらを優先すればよいのか？　と迷う人も多いのではないでしょうか。考え方は複数ありますが、**まずは従業員満足度（ES）から取り組むべき**といえるでしょう。少なくとも顧客（利用者）満足度（CS）を優先することや、そればかりに注力しようとすることは避けたほうがよいでしょう。なぜなら、**顧客（利用者）満足度ばかりを優先して従業員満足度を軽視していると、長期的に支援の質や業績が下がってしまうリスクがある**からです。従業員の満足度が低ければ、当然パフォーマンスも下がります。また、法人・事業所に利益をもたらす源泉は「従業員（職員）」ですので、まずは「職員は業務内容や待遇に満足しているか？」「人間関係に問題を抱えていないか？」など職員の目線に立って考えることが大切です。

満足のピラミッド（ESとCSの関係性）

利用率向上

やる気

CS
利用者満足度UP

事業所内連携の強化

ES
職員満足度・やる気UP

組織力の向上

質の向上

従業員満足度の影響

業績の状況

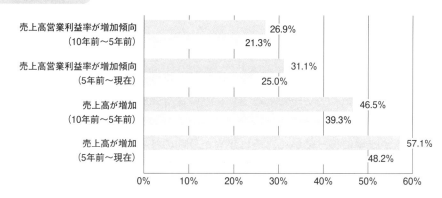

	従業員と顧客満足度の両方を重視する企業	顧客満足度のみを重視する企業
売上高営業利益率が増加傾向（10年前〜5年前）	26.9%	21.3%
売上高営業利益率が増加傾向（5年前〜現在）	31.1%	25.0%
売上高が増加（10年前〜5年前）	46.5%	39.3%
売上高が増加（5年前〜現在）	57.1%	48.2%

従業員と顧客満足度の両方を重視する企業

顧客満足度のみを重視する企業

06 動機づけ（モチベーション）理論

人材の定着を図るために

　サビ管・児発管の役割の一つである"人材のマネジメント"、これはまさに「言うは易く行うは難し」ではないでしょうか。とはいえ、介護分野だけではなく福祉業界全般で人材不足が深刻な問題となっています。そのようなことからも人材の確保はもとより、定着を図ることの重要性はさらに増していくでしょう。**定着を図る上では、どれだけ組織（事業所）への帰属意識を高め、仕事にやりがいをもってもらえるか**、この点が、人材の定着の重要な鍵となります。ですので、サビ管・児発管として、いかに職員のモチベーションを維持し、さらに向上させていくことができるかが重要になるわけです。

動機づけ（モチベーション）理論の活用

　では、どのように職員のモチベーションを高めていけばよいのか。これまでの日本社会は、長らく終身雇用制、年功序列などのしくみにより発展してきました。それが現代においては、徐々に新しい様式に変化してきています。**よりやりがいのある、より自分を活かせる仕事や職場に移っていく、それが当たり前の社会になってきています。**

　そのようなことからも、サビ管・児発管として、より職員のモチベーションを高めていくことが重要になってきます。そのためには、**長年の勘や経験だけではなく、根拠のある動機づけ（モチベーション）理論を活用してアプローチしていくことで、より成果につながるでしょう。**動機づけ（モチベーション）理論には、さまざまなものがありますので、事業所や職員の現状をふまえて取り入れていきましょう。

マズローの欲求段階説

マズローの欲求5段階説

成長欲求

自己超越欲求

自己実現の欲求 — 自分らしく生きたい／自分らしさを発揮したい

欠乏欲求

承認欲求 — 自分を認めたい／他者から価値を認められたい

所属と愛の欲求 — 他者とかかわりたい／集団に属したい

安全の欲求 — 身の安全を守りたい

生理的欲求 — 生命を維持したい

マグレガーのX理論・Y理論

二つの異なる理論（X理論・Y理論）を使い分けることで
適切なマネジメントを実践

X理論	Y理論
元来人間は働くことが嫌いで、命令や強制がなければ動かないもの	働くことは人間が本来もつ性質であり、意義を感じる目標・目的に対しては能動的に行動する

指示や命令により管理し、成果が得られなければペナルティを課すといった「アメとムチ」のマネジメント手法

責任や魅力のある目標を与え、自発的な行動を促し、「活躍するチャンスを与える」マネジメント手法

07

ハーズバーグの
二要因理論

▶ ハーズバーグの二要因理論とは

ハーズバーグの二要因理論とは、**動機づけ理論**のうち、仕事においてどんなことが満足する要因となり、逆に不満足となる要因であるのかを明確にしたもので、アメリカの臨床心理学者、フレデリック・ハーズバーグが提唱した職務満足および職務不満足を引き起こす要因に関する理論です。人間の仕事における満足度は、ある特定の要因が満たされると満足度が上がり、不足すると満足度が下がるということではなくて、「満足」にかかわる要因（動機づけ要因）と「不満足」にかかわる要因（衛生要因）は別のものであるとする考え方です。

▶ 衛生要因と動機づけ要因を高めるために

まずは従業員（職員）が何に不満を抱いているかを把握する必要があります。

そして、衛生要因（「給与」「福利厚生」「経営方針・管理体制」「同僚との人間関係」など）を満たしただけでは従業員（職員）が職務に満足することはないことを心得た上で取り組まなければなりません。**衛生要因はあくまでも不満足な状態から回避したい欲求なので、不満を解消することに注力**します。

一方、動機づけ要因（「達成すること」「承認されること」「仕事そのもの」「向上」など）を高めるには、目標を設定し、達成する成功体験や、それに対する具体的な評価、賞賛など、承認欲求の充足も動機づけ要因を高めることにつながります。その前提には、サビ管・児発管として、一人ひとりの従業員（職員）に目を配ることが重要です。また、組織の中で成長を感じられるような学びの機会や自己研鑽を積めるような環境にしていくことも有効です。

ハーズバーグの二要因理論 　図

満足感と不満足感

ハーズバーグの二要因理論

動機づけ要因
（満足感を与える要素）

衛生要因
（不満足につながる要素）

解消しても満足には
つながらず、マイナスを
ゼロに近づけるイメージ

仕事に直接
満足感を与える

衛生要因・動機づけ要因

 動機づけ要因
（満足感を与える要素）

 衛生要因
（不満足につながる要素）

- ☑ やりがい
- ☑ 評価
- ☑ 処遇（ポストの納得性など）
- ☑ 自己の成長
　（成長実感、人材育成、将来性）

- ☑ 組織風土
- ☑ 対人関係
- ☑ 報酬水準
- ☑ 経営方針
- ☑ 労働条件や福利厚生
　（勤務時間、休暇など）

第 6 章 参考文献

- 特定非営利活動法人日本相談支援専門員協会（NSK）編「障害者相談支援従事者研修テキスト主任研修編」2022年
- 福祉臨床シリーズ編集委員会編、三田寺裕治・西岡修責任編集「福祉サービスの組織と経営＜第3版＞　社会福祉士シリーズ　11」弘文堂、2019年
- 厚生労働省「今後の雇用施策の実施に向けた現状分析に関する調査研究事業」2015年

第 **7** 章

運営管理

01

給付のしくみ

▶ 障害福祉における「給付」とは？

　「福祉サービス事業所を立ち上げる」と、しかるべき事業を実施していけば、実績により行政手続きをふんでお金がもらえます。それは、元は国民からもらったお金です。事業の目的を達成していくために、**正しくお金を使っていく義務が事業所に求められます**。適切に運用していくことを「給付」とイメージしていきましょう。

　障害福祉制度における給付とは、障害者総合支援法によるサービス体系として提供されるものです。そのサービスは、**自立支援給付**と**地域生活支援事業**で成り立っています。自立支援給付は、介護給付、訓練等給付、計画相談支援給付、地域相談支援給付などに分かれています。

▶ サービスの利用料は元を正せば全額利用者が支払っているということ

　制度上認められた福祉サービスを利用するということは、利用者は利用した分だけ利用料を事業所に全額支払い、9割分が後に利用者に戻ってくるということが原則となります。ところがその方法だと、一時的に利用者が全額負担することになり、手続きも何かと面倒です。そのために、利用者は1割負担分だけを事業所に支払い（毎月の負担の上限の額や各種減免などが適用されると、その1割負担の額を減らすこともできます）、残りの利用料は、事業所が**「法定代理受領」**という方法で、利用者に代わって費用を市町村に請求し、審査の上で市町村は事業所にお金（給付費）を支払っています。

　事業所の手続きにより運営費を得ている感覚に陥ってしまいがちですが、本来は社会保障といった人としてもっている権利により、**利用者は給付のしくみを使って、実質利用料を全額支払っている**ということを、事業所職員は忘れてはいけません。

社会保障として給付しているサービス 図

障害福祉サービス等の体系（介護給付・訓練等給付）

				サービス内容
訪問系	介護給付	居宅介護	者 児	自宅で、入浴、排せつ、食事の介護等を行う
		重度訪問介護	者	重度の肢体不自由者又は重度の知的障害若しくは精神障害により行動上著しい困難を有する者であって常に介護を必要とする人に、自宅で、入浴、排せつ、食事の介護、外出時における移動支援、入院時の支援等を総合的に行う（日常生活に生じる様々な介護の事態に対応するための見守り等の支援を含む。）
		同行援護	者 児	視覚障害により、移動に著しい困難を有する人が外出する時、必要な情報提供や介護を行う
		行動援護	者 児	自己判断能力が制限されている人が行動するときに、危険を回避するために必要な支援、外出支援を行う
		重度障害者等包括支援	者 児	介護の必要性がとても高い人に、居宅介護等複数のサービスを包括的に行う
日中活動系		短期入所	者 児	自宅で介護する人が病気の場合などに、短期間、夜間も含めた施設で、入浴、排せつ、食事の介護等を行う
		療養介護	者	医療と常時介護を必要とする人に、医療機関で機能訓練、療養上の管理、看護、介護及び日常生活の世話を行う
		生活介護	者	常に介護を必要とする人に、昼間、入浴、排せつ、食事の介護等を行うとともに、創作的活動又は生産活動の機会を提供する
施設系		施設入所支援	者	施設に入所する人に、夜間や休日、入浴、排せつ、食事の介護等を行う
居住支援系	訓練等給付	自立生活援助	者	一人暮らしに必要な理解力・生活力等を補うため、定期的な居宅訪問や随時の対応により日常生活における課題を把握し、必要な支援を行う
		共同生活援助	者	夜間や休日、共同生活を行う住居で、相談、入浴、排せつ、食事の介護、日常生活上の援助を行う
訓練系・就労系		自立訓練（機能訓練）	者	自立した日常生活又は社会生活ができるよう、一定期間、身体機能の維持、向上のために必要な訓練を行う
		自立訓練（生活訓練）	者	自立した日常生活又は社会生活ができるよう、一定期間、生活能力の維持、向上のために必要な支援、訓練を行う
		就労移行支援	者	一般企業等への就労を希望する人に、一定期間、就労に必要な知識及び能力の向上のために必要な訓練を行う
		就労継続支援（A型）	者	一般企業等での就労が困難な人に、雇用して就労の機会を提供するとともに、能力等の向上のために必要な訓練を行う
		就労継続支援（B型）	者	一般企業等での就労が困難な人に、就労する機会を提供するとともに、能力等の向上のために必要な訓練を行う
		就労定着支援	者	一般就労に移行した人に、就労に伴う生活面の課題に対応するための支援を行う

法定代理受領のしくみ

サービスの利用料は、ご家庭の所得状況によりますが、1割を負担していただきます。

福祉なのにお金がいるのか。1割でも負担になるけど、仕方ないのかな。残りの9割は、国から事業所がもらっているのか。

本来は…

サービスの利用料は、元を正せば、利用者さんが全額払っていることになります。私たちの事業所は、高いお金を払っている利用者さんのために、質の高いサービスを提供しなければいけないですね。

社会保障って、この国で生きていく人のための大切な権利なんだよなぁ。前向きな気持ちで、必要なことは利用していかなくては！利用料を全額払っているという自覚ももとう！

02

請求事務

▶ サビ管・児発管と請求事務

　小さな事業所では、管理者またはサビ管・児発管や現場の支援員が請求事務を兼務していることもあります。ただし、事業所の運営において、本来は管理者とサビ管・児発管と事務員それぞれが独立した役割を担いつつ、互いに協調していくことが、事業所の運営を継続していくために重要です。ですから、**請求事務を事務担当者に任せるという姿勢ではいけませんし、サビ管・児発管は請求事務の兼務を避けたほうがよいでしょう。**

　いずれにしても、**サビ管・児発管は、現場の支援員のリーダー**であり、利用者中心のサービス提供をしていくための要としての役割を果たしていく仕事なのですが、利用者の実情に合わせて、請求事務が滞りなく実施できるよう、必要な情報は確認し、事務担当者を手助けしていく立ち位置になると意識しておきましょう。

▶ サビ管・児発管が確認していくこと

　まず、事業所における**重要事項説明書**の内容は熟知し、自事業所の利用料の内訳については正確に言えるようにしておきましょう。また、利用者に実費として負担してもらう光熱費や送迎費、食費、日用品等の額は、適切であるかどうかに注意を向けておきましょう。そして、利用者の経済状況も可能な範囲で把握し、一人ひとりの家計の負担具合について配慮したいものです。

　その上で、サービス提供をした量を確認し、受給者証に書いてある受給量や負担上限額（一覧表を作成しておきましょう）および、サービス等利用計画・障害児支援利用計画に示されたサービス提供量と、相違はないかなどのチェックを行っていくことは、サビ管・児発管の仕事になります。

請求事務に関しサビ管・児発管が日常的に行っていくこと　図

請求事務におけるサビ管・児発管の役割

サビ管・児発管

請求事務に追われていて、利用者さんの家庭の事情など、細かいことまで気を配る時間がないわ！

ちょっと待った!

請求事務について、利用する側の立場からチェックしていくことがサビ管・児発管の役割です！

障害福祉サービスの利用者負担を軽減する方法

①負担上限月額

②個別減免（医療型）

③食費等負担の補足給付

④家賃の助成

⑤高額障害福祉サービス等給付費

⑥生活保護への移行防止策

日々の暮らしの状況から、家計のやりくりに苦しんでいる人に関して、サビ管・児発管が負担軽減策を探っていき、その情報を伝えていきましょう。

請求時のチェックポイント

	チェックポイント	備考
受給者証の確認		
☐	①当該サービスに対応する受給者証を確認しましたか。	月1回は受給者証を確認します。
☐	②受給者証番号・市町村番号の入力誤りはありませんか。	資格を喪失していないかも確認します。
☐	③支給決定内容と請求内容に相違はありませんか（たとえば、家事援助の支給決定がないのに家事援助の請求をしていませんか）。	サービス提供月が支給決定期間内であることも確認します。
介護給付費等算定に係る体制等に関する届出		
☐	④請求明細書の加算等の算定項目は、介護給付費等算定に係る体制等に関する届出の内容と合致していますか。	事業所台帳情報からサービス種類ごとに届出内容を確認します。
利用者負担上限額管理（上限額管理が必要な場合）		
☐	⑤利用者が上限額管理対象者であるか確認しましたか。	上限額管理対象者でない場合は、上限額管理結果票は不要です。
☐	⑥利用者負担上限額管理結果票を正しく作成しましたか。	上限額管理事業所の場合は、上限額管理結果票の内容を確認します。
☐	⑦明細書の管理結果額と調整後利用者負担額が対応していますか。	上限額管理結果票の管理結果後利用者負担額と対応を確認します。
支給量管理		
☐	⑧新規契約又は変更の際、受給者証※の事業者記入欄に契約支給量等を記載していますか。	短期入所の場合は、利用実績を記入。※受給者証の様式は市町村等ごとに異なります。
☐	⑨契約支給量及びサービス提供量は、決定支給量の範囲内となっていますか。	複数事業者が契約しているときは、契約支給量の合計が決定支給量を超えていないことを確認します。

03

基本報酬・加算

▶ **基本報酬・加算について、サビ管・児発管が意識しておくこと**

　利用する人の障害支援区分や事業所の定員などにより、一人ひとりの報酬の単価は変わります。単純に考えれば、報酬単価が高い人を優先して受け入れ、日々のサービス提供にかかる費用と職員の給与を抑えていけば、経営としては黒字を計上できます。しかし、そうした考え方では、利用者は離れていき、事業は継続できないでしょう。

　利用者が必要とするサービスを適切に提供し、現場の支援員がやる気をもって働く職場をつくっていくためにサービス提供にかけていきたい費用と、事業所が目指している理念や目的に向かっていくために、必要な職員数と職員育成の費用などを、サビ管・児発管は考えてほしいのです。基本報酬と加算により事業所に入る額を知った上で、日々のサービス提供にかけたい費用、また職員数や職員の給与を増やしてほしいとき、管理者に交渉していく根拠となる数字を示すことが、サビ管・児発管に求められます。

▶ **基本報酬・加算に関する知識が低いと……**

　サービス提供の内容や、職員数や支援員の質の確保と向上のために、お金をかけたいところですが、限られた予算の中で運営しなければなりません。身体介助が必要な人が増えれば、人手は必要です。人手が必要だから、非常勤やパートの支援員を増やすと、記録や支援のための準備等を行う正規の支援員数が減ります。給与が低ければ、高い給与のところに支援員は転職していきます。経験値の少ない支援員ばかりだからと、「手をかけずにすむ利用者」集めをしたり、「同じタイプの障害」の人ばかりを受け入れようとしたりして、支援の質の低い事業所という評判が生じてくることもあります。**基本報酬や加算に関する知識が低いと、結果として働きづらい職場に向かってしまいます。**

事業の運営におけるサビ管・児発管の役割　図

費用に関するサビ管・児発管の悩みごと

Aさんの休憩時間のために、リラックスできる空間をつくっていきたいなぁ。費用プランをいくつかつくってみよう！

Bさん（職員）には、かなり負担かけているなぁ。もう1人職員を増やしたいな。ほかに取得できる加算はないか勉強し直してみようかな。

来月から利用されるお2人で事業費は増えてくる。スタッフが励みになることを考えなくては。上司にはどんな提案をもちかけていこうかしら。

Fさんは手先が器用だし、やりがいのもてそうなお仕事を見つけたいなぁ。ほかの事業所の作業見学の機会をつくっていこう！

管理者との違いは?

事業の運営を行っていくのは管理者	個別支援の質を高めていくのはサビ管・児発管	支援の質を高めるために管理者に相談・交渉	そのための事業運営に参画

04

ICTの活用

■ 障害福祉サービス提供事業所におけるICT

ITとは「情報技術」であり、ICTのCはコミュニケーションです。サビ管・児発管における ICT（情報通信技術）とは、利用者の生活の質を高めていくために、情報を共有する機会を増やし、支援をより早く提供し、統一したほうがよい必要な支援の方法を職員同士が知り、職員が学ぶ機会を増やしていくために使っていくものと考えていきましょう。

職員が全員集まって話し合う時間がない、複数の担当者間においても、送迎や訪問、各々の事業所での役割で時間が合わないといった悩みを耳にします。日常の記録をする時間が確保できない、しかも、まだ手書きの記録様式がいくつもあるという職場もあります。ICT が活用できていないといえます。単に働き方改革が進んでいない職場ではないかとも考えられます。

■ ICTの活用の実際

個人情報など電子データとしてのセキュリティーについて、十分に検討していかなければなりませんし、何より導入段階で IT 機器に慣れない職員にとってのハードルは高いのですが、ICT の活用によりさまざまなメリットがあります。

利用者本人や家族との連絡、職員同士の事務連絡に関するチャットなどの活用、支援内容や簡単な活動報告等に関する記録についてスマホから入力できるシステムの利用や、本人や家族の承諾を得て、写真や動画などを記録として残すことなど、すでに実践している事業所は増えています。セキュリティーに配慮し、事例検討をオンラインで行うことも増えています。過去の情報を適切に整理していくことにも役立っています。

サビ管・児発管を悩ますさまざまな問題

利用者の
障害の重度化

報連相の
機会の確保の
難しさ

サービス提供時間の
長時間化

外部連携の機会
の増加

記録する時間の
確保の難しさ

送迎・移動時間の
増加

パート職員の
増加

働き方改革

仕事内容の合理化

話し合う機会を増やす

ICTの活用

ICTの活用例

SNSを利用した
スタッフ間の情報共有

利用者との
コミュニケーション

個別支援会議

事務・記録ソフト

スタッフとの会議

人材育成のための
オンライン研修参加

05

BCP（業務継続計画）

▶ **業務継続計画（BCP）の策定により、救われる命がある！**

　自然災害が発生し、事業所が被害を受けた際、利用者の安否が確認でき、幸い直接的な被害はなく元気でいるようだから、事業再開まで待ってもらおうと考えていると、利用者を取り巻く環境や状況は悪化してしまうことがあります。被害を受けた地域で、平常の状態になるまで我慢するしかないと自宅待機しながら、病状が悪化したり、家族共々疲弊している場面に立ち会ってきました。事業所も被害を受けているとはいえ、早期に家庭訪問したり、事前に事業所として緊急時の避難経路について話し合ったりしていれば、もっと違った結果になっていたのではないかと考えてしまう事例もありました。

　業務継続計画（BCP：Business Continuity Plan）とは、事業所の地域での役割と、従事する人の緊急時の最小限の対応を明らかにして、事業所を利用する人々の命を守っていくものと考えていきましょう。

▶ **BCPは誰が中心になって策定する？**

　BCP は福祉分野において、災害時等に関する危機管理や、緊急事態での事業所を利用する人々への支援のあり方を考えていくだけが目的ではありません。この計画を作成していくためには、業務全体を見つめ直し、どこにリスクがあるのかを検討していくことが必要です。事業所外の関係者も交え、事業所として対応が困難なこと、周辺の地域の課題、緊急時に助けてもらいたいことなどを見つめ直していくことになります。

　事業所の運営上のリスクを見つけていくことで、働きやすい職場に改革していくことにつながっていくのです。つまり BCP の策定は、サビ管・児発管が中心となって取り組まないと意味がありません。少なくとも一年おきには更新していきましょう。

法人本部BCPと施設・事業所単位のBCPの関係

2005（平成17）年に内閣府は「事業継続ガイドライン」を公表し、BCPの策定を強く推奨したが、2011（平成23）年の東日本大震災で注目されることになり、2020（令和2）年からの新型コロナウイルス感染症により、BCPの策定や見直しに着手する企業は増えている

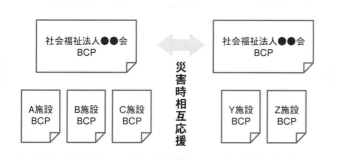

自然災害だけでなく感染症などの緊急事態を地域でどう乗り越えていくか！

2024（令和6）年度からBCP策定が義務化

災害時等で応援に来た人など関係者と利用者の情報を共有し、服薬状況、食事や睡眠の状況等ですぐに対応できるように準備しておこう。そのために、事業所が浸水した場合でも、利用者の情報をすぐに共有できる電子データの保管について、地域内でも話し合う機会をもとう

自然災害発生時の業務継続計画の内容例

総論	事業所の基本方針と事業所の災害対策委員と役割	
	リスクの把握	ハザードマップ・被災想定
	被災時の優先業務の選定	
	研修・訓練の実施計画およびBCPの検証と見直しの計画	
平常時の対応	建物・設備の安全対策	耐震・水害
	ライフライン	電気・ガス・水道が止まった場合の対策
	被災時の通信機器の確保と電子データやIT関係機器の喪失時の対策	
	衛生面の対策	被災時のトイレや汚物処理対策
	必要品の備蓄および被災時の資金	保険に関することや現金の備え
緊急時の対応	BCPの発動基準と指揮系統と対応拠点	職員の行動基準
	利用者と職員の安否確認の方法	利用者の安否確認ルールと搬送方法
	職員の参集基準	自宅が被災している場合についても検討
	事業所内外での避難場所・避難方法	第1避難場所と第2避難場所と避難手段
	優先業務の継続方法	職員の出勤率や被災想定ごとに整理
他施設との連携	連携体制の構築と連携対応	連携先との協議・連携協定書・共同訓練
地域との連携	職員の派遣・福祉避難所	事業所への受け入れ体制と外部への支援体制

06

虐待防止と身体拘束の適正化

▶ 事業所が目指すべき「適正化」とは？

　拘束するということは、相手の動きを制御するということになります。身体を拘束するだけでなく、部屋から出られないようにする、薬を使って大人しくなってもらう、禁止していることを行ったら、楽しみにしていることを罰としてやらせないようにするといったことも「拘束」だと考えていきましょう。

　事業所で「虐待防止と身体拘束のための指針」を作成し、職員間で共有しても虐待は減っていかないものです。利用者が決める機会を十分提供しているのか、安らげる時間と場所は提供できているのか、拒否できる機会を保障できているのかといったことから振り返りましょう。そして、「拘束」することが、さらに次の「拘束」の機会を生むと職員間で何度も確認していきましょう。

▶ 虐待の種

　事業所を利用する人々の日々の支援に関して、「うまくいっている！」「特に問題となるような支援は行っていない」と感じている事例はありませんか？　でも例えば、生活介護の事業所において、日々作業を提供しており、大きな声を出してしゃべっている利用者に「仕事をしなさい」「うるさいよ！」と声をかけ、大人しく作業に取り組む人がいた場合、そうした支援に問題はないのでしょうか。利用者は生きがいを感じて、日々通所しているのでしょうか？

　虐待が起きるまでには、さまざまな要因が積み重なっているものです。事業所内の協議だけでは発覚しない「虐待の種」というものがあることを、サビ管・児発管は意識しておく必要があります。

虐待の種

リラックスできる
時間があるから
頑張ることもできる

拒否することを
受け止められたことで
やる気も生じるもの

行儀が悪いように
見えることにはわけがある。
感覚の偏りなど、
障害の特性から生じている
こともある

私が決める！　自分でやりたい！
という機会は日々保障して
いるか？

「しつけ」と称する支援は見直そう！

「わがまま」「しつこい」「めいわく」という
支援者の思いは、障害への理解が足らない

やむを得ず身体拘束を行っている？

不適切な
接し方や評価　➡　苦痛となる
ストレス　➡　問題行動　➡　身体拘束

元々の原因を修正していくことで解決することはある

利用者の状況	事業所の対応	適切に対応した例
突然走り回りほかの利用者を押し倒すことがある	外から鍵のかかる部屋で、一人で作業に取り組むようにした	本人にとってストレスのかかる作業前後に走り回っていると評価し、作業内容を変え、本人が好む映像を作業中に流すようにしてからは落ち着いてきた
昨年末から、物を投げる、ガラスを割る行為を繰り返す	日中は更衣室で過ごすようにし、服薬量を増やしていくことを家族に勧めた	体調に異変があるのではないかと考え、いくつかの病院受診を重ねたところ、虫歯が進行していることがわかり、治療した結果問題行動はなくなった
食事のときに、ほかの利用者の食べ物に手を出してしまう	ほかの利用者と一緒に食べないように、時間をずらして食事を提供することにした	どこまでが自分の食べ物なのかがわかりにくいのではないかと考え、本人の好む図柄のランチマットを敷き、色違いのお盆を使用すると問題はなくなった

第 7 章 参考文献

- 厚生労働省ホームページ「障害福祉サービスの概要」
- 国民健康保険中央会「請求事務ハンドブック　付録 2」2021 年 5 月版

知っておきたい
関係機関

01

児童の支援で頼れる機関

▶ 就学前

　この時期の児発管は、主に児童発達支援事業や保育所等訪問支援事業、障害児入所支援などを担当することになります。それらの事業で提供される乳幼児期から**就学までの支援は、子どもの成長や変化も大きいことに加え、発達段階に合わせた知識・スキル、さらには家族への配慮も重要**になってきます。

　特に"子どもの発達"に関するアセスメントや課題・目標設定などに、難しさを感じる人も多いでしょう。その際は、**児童発達支援センターや療育機関などと連携し、個別支援会議への協力や助言をもらいながら支援を組み立てていくことも効果的**です。特に児童発達支援センターは、地域の療育の中核を担うことが期待されていますので、障害種別にかかわらず、連携を深めていくとよいでしょう。

▶ 学齢期

　学齢期になると主に放課後等デイサービスが職場になることが多いでしょう。就学以降は継続して発達段階をふまえつつ、より地域での生活や活動を意識した支援の展開が重要になってきます。そのなかでも**学校との連携による切れ目のない一貫性のある支援を展開していく必要があります**。そういったことからも、**基幹相談支援センターや特別支援学校（センター的機能）に協力してもらいながら、連携や支援方針、内容について共有し、連動させていけるとよいでしょう**。また、サービスを利用するにあたり担当の相談支援専門員との連携も不可欠なものになります。地域によっては児童発達支援センターが就学以降も相談対応や事業所支援などを実施している場合もありますので、各地域の実情に合わせた連携を進めていけるとよいでしょう。

児童発達支援センター

児童発達支援センター

母子保健施策
（保健センター等）

学校

保育所等訪問支援　　障害児相談支援

入口相談支援機能
専門的支援・家族支援機能

インクルージョン
推進機能

こども家庭センター

基幹相談支援センター

スーパーバイズ・
コンサルテーション機能

障害児相談支援事業者

社会的養護施策

支援力・受入強化

支援の質の向上

児童発達支援

子育て支援施策
（保育所、放課後児童クラブ）

障害児・家族
必要な質の高い支援を
切れ目なく・漏れなく

放課後等デイサービス

習い事・地域の活動等

障害福祉サービス

当事者・家族団体　　　医療機関等

特別支援学校（センター的機能）

特別支援学校のセンター的機能のイメージ

これまで盲・聾・養護学校が蓄積してきた障害のある子どもの教育に関する知見を
各地域で最大限に活用する観点から、特別支援学校は小・中学校等を含む関係機関や
保護者に対し、障害のある児童生徒等の教育についての助言又は援助を行う

センター的機能の具体例

❶小・中学校等の教員への支援機能
　➡ 障害のある児童生徒に対する個別の指導内容・方法について助言

❷特別支援教育等に関する相談・情報提供機能
　➡ 就学前の子どもに対する指導およびその保護者からの相談

❸障害のある幼児児童生徒への指導・支援機能
　➡ 通級による指導

❹福祉、医療、労働などの関係機関等との連絡・調整機能
　➡ 関係機関と連携し、個別の教育支援計画を策定

❺小・中学校等の教員に対する研修協力機能
　➡ 小・中学校等の教員に対する研修の講師を務める

❻障害のある幼児児童生徒への施設設備等の提供機能
　➡ 点字図書の貸し出しや知能検査の実施等

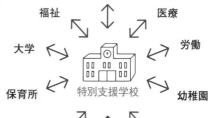

特別支援学校

福祉　　　　　　　　医療

大学　　　　　　　　　　労働

保育所　　特別支援学校　幼稚園

小学校　　　　　　　　高校

中学校

02 就労支援で頼れる機関

障害者就業・生活支援センター

障害者の職業生活における自立を図るため、雇用、保健、福祉、教育等の関係機関との連携の下、障害者の身近な地域において就業面および生活面における一体的な支援を行い、障害者の雇用の促進および安定を図ることを目的として、全国に設置されています。三つの機関のうち、**最も身近でサポートを受けられる、あるいは連携しやすい機関**であるといえます。

地域障害者職業センター

障害者に対して、職業評価、職業指導、職業準備訓練、職場適応援助等の専門的な職業リハビリテーション、事業主に対する雇用管理に関する助言等を実施しているセンターです。特に一般就労への移行に向けては**職場適応援助者（ジョブコーチ）支援**等の支援を提供しており、**一般就労のスタートから定着まで頼ることができる機関**であるといえます。

公共職業安定所（ハローワーク）

公共職業安定所（ハローワーク） では就職を希望する障害者の求職登録を行い、専門職員や職業相談員がケースワーク方式により障害の種類・程度に応じたきめ細やかな職業相談・紹介、職場定着指導等を実施しています。多くのハローワークには、**障害のある人の就職を専門にサポートする「専門援助部門」**があり、手話通訳の配置や専門家によるカウンセリングなどのほか、発達障害のある人には、「発達障害者雇用トータルサポーター」と呼ばれる専門職員がおかれていることもあります。

障害者就業・生活支援センター

就業面の支援

・就業に関する相談支援
・事業所への助言
・関係機関との連絡調整

生活面の支援

・日常生活・地域生活に
　関する助言
・関係機関との連絡調整

地域障害者職業センター

職業評価やジョブコーチ支援

・職業評価
・職業準備支援
・ジョブコーチ支援事業
・精神障害者総合雇用支援
・事業主に対する相談・援助
　　　　　　　　　　など

公共職業安定所（ハローワーク）

発達障害者雇用トータルサポーター

・障害のある人の就職
　を専門にサポートする
　「専門援助部門」

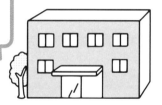

その他の支援全般に
かかわる機関

▶ 基幹相談支援センター

基幹相談支援センターは、障害者総合支援法の改正（2024（令和６）年４月１日施行）により、地域における相談支援の中核的な機関として、①**障害者相談支援事業・成年後見制度利用支援事業**、②**他法において市町村が行うとされる障害者等への相談支援業務**、③**地域の相談支援従事者に対する助言等の支援者支援**、④**（自立支援）協議会の運営への関与を通じた「地域づくり」の業務**といった役割を担うこととされています。各地域によって設置方法や具体的な業務内容が異なる場合がありますが、どの機関を頼ったらよいかわからないという場合にも、まずは基幹相談支援センターに相談してみると助けになります。

▶ 発達障害者支援センター

発達障害者支援センターは、発達障害者支援法に定められている発達障害児（者）への支援を総合的に行うことを目的とした専門的機関です。都道府県・指定都市自ら、または、都道府県知事等が指定した社会福祉法人、特定非営利活動法人等が運営しており、主に**「相談支援」「発達支援」「就労支援」「普及啓発・研修」の四つの役割**を担っています。多くのセンターが障害者本人だけではなく家族や支援者からの相談にも対応しており、事業者に対してのコンサルテーションを実施しているセンターもあります。自治体によって、各センターの事業内容には地域性がありますが、支援者が困ったときにも頼りになる機関の一つです。

基幹相談支援センターと発達障害者支援センター　図

基幹相談支援センターの業務内容（障害者総合支援法改正 2024（令和6）年4月1日施行後）

個別支援

①障害者相談支援事業・成年後見制度利用支援事業

②他法において市町村が行うとされる障害者等への相談支援業務

地域支援（づくり）

③地域の相談支援従事者に対する助言等の支援者支援

④（自立支援）協議会の運営への関与を通じた「地域づくり」の業務

> 個別支援は、特に豊富な経験や高度な技術・知識を要するものに対応するとされています。

> ③、④が基幹相談支援センターの主要な中核的な役割とされています。

発達障害者支援センターの四つの役割

厚生労働省

↓ 補助

都道府県・指定都市

↓ 直接実施または委託（社会福祉法人等）

発達障害者支援センター

●発達障害者支援法に規定される専門性の高い相談支援事業

●自閉症児施設等へ附置（原則）
　※相談支援等に関する知見の活用、夜間緊急時での対応等のため

相談支援
発達障害児（者）とその家族、関係機関等から日常生活でのさまざまな相談に応じる

発達支援
発達障害児（者）とその家族、周囲の人の発達支援に関する相談や、心理検査の実施など

就労支援
就労を希望する発達障害児（者）に対しての相談支援や労働関係機関との連携

普及啓発・研修
発達障害のこと、支援のことを多くの人に知ってもらう

実施

支援

発達障害児（者）・家族

連携

関係施設・関係機関

関係施設
自閉症児施設、知的障害児施設、知的障害者更生施設　等

関係機関
保健所、医療機関、福祉事務所、児童相談所、知的障害者更生相談所
保育所、学校、公共職業安定所、企業　等

第 8 章参考文献

- 令和 5 年度サービス管理責任者・児童発達支援管理責任者指導者養成研修専門コース別研修（障害児支援）　行政説明「児童期における最新情勢」こども家庭庁支援局障害児支援課

第 9 章

関連する法制度や
サービス

01

障害者の権利に関する条約

権利条約発効までの過程

　国連では、1970年代から障害のある人の権利について、精神遅滞者の権利に関する宣言等、さまざまな宣言・決議を採択してきました。しかし、これらの宣言・決議には法的な拘束力がありませんでした。2001年、第56回国連総会にて、メキシコ提案による「障害者の権利及び尊厳を保護・促進するための包括的・総合的国際条約」に関する決議が採択されました。その後アドホック委員会の働きにより、2006年、**「障害者の権利に関する条約」**が第61回国連総会で採択され、2008年5月に発効することになりました。

　日本は、2007（平成19）年9月に条約に署名しました。その後、障害者の権利に関する条約が求める水準に国内の法律を改正する作業を行い、2013（平成25）年の国会で批准が承認され、2014（平成26）年に国連事務局でも批准が承認され、この条約がわが国でも発効することになりました。

障害者の権利に関する条約の内容と義務

　障害者の権利に関する条約は、障害者の人権および基本的自由の享有を確保し、障害者の固有の尊厳の尊重を促進することを目的として、障害者の権利の実現のための措置等について定められている条約です。

　この条約の主な内容としては、「一般原則、一般的義務、障害者の権利実現のための措置、条約の実施のための仕組み等」で構成されています。この条約を批准すると国連の障害者権利委員会に対して、定期的な報告書を提出することが義務づけられています。初回の報告書は、「第3次障害者基本計画（平成25〜29年）」の課題を整理し、2016（平成28）年に国連に提出されました。

障害者の権利に関する条約の批准　図

障害者の権利に関する条約採択後の日本の経過

年	出来事
2006（平成18）年	国連総会にて採択
2007（平成19）年	外務大臣による署名
2008（平成20）年	障害者の権利に関する条約発効
2013（平成25）年	参議院本会議で国内法が権利条約の水準に達していると判断し批准を承認
2014（平成26）年	国際連合事務局に批准書を寄託
2014（平成26）年	2月19日 障害者の権利に関する条約の効力が日本で発効

国内法の整備

年	出来事
2009（平成21）年	障がい者制度改革推進本部を内閣総理大臣を本部長として設置
2011（平成23）年	障害者基本法の改正
2012（平成24）年	障害者の日常生活及び社会生活を総合的に支援するための法律の成立
2013（平成25）年	障害を理由とする差別の解消の推進に関する法律の成立
2013（平成25）年	障害者の雇用の促進等に関する法律の改正

障害者の権利に関する条約の内容

内　容	具体的な内容
一般原則	障害者の尊厳、自律および自立の尊重、無差別、社会への完全かつ効果的な参加および包容等
一般的義務	合理的配慮の実施を怠ることを含め、障害に基づくいかなる差別もなしに、すべての障害者のあらゆる人権および基本的自由を完全に実現することを確保し、および促進すること等
障害者の権利実現のための措置	身体の自由、拷問の禁止、表現の自由等の自由権的権利および教育、労働等の社会権的権利について締約国がとるべき措置等を規定。社会権的権利の実現については漸進的に達成することを許容
条約の実施のためのしくみ	条約の実施および監視のための国内の枠組みの設置。障害者の権利に関する委員会における各締約国からの報告の検討

＜総括所見＞
2022（令和4）年9月9日、権利委員会から日本政府への勧告（総括所見）が出された。分離教育の中止、精神科への強制入院を可能にしている法律の廃止を求めるなど、日本の課題を的確に指摘した。第1条から第33条まで懸念と勧告がまとめられており、第19条、第24条は6項目ある。合計で懸念が93項目、勧告は92項目、留意1項目、奨励1項目となっている
（例）【第1条～第4条　一般原則と義務】
障害者代表組織、特に知的・心理社会的障害者（精神障害者）との緊密な協議を確保することを含め、すべての障害者を他の者と同等に人権の主体と認める条約と、障害関連の国内法および政策を調和させること等

02

障害者基本法

▶ 障害者基本法の改正

　障害者基本法は、1970（昭和45）年に制定された心身障害者対策基本法を全面改正して、1993（平成5）年に「障害者基本法」となりました。障害者基本法は障害のある人の法律や制度について基本的な考え方を示しています。障害者の権利に関する条約を批准するために、権利条約に示された水準に障害者基本法を改正する必要があり、2011（平成23）年に改正障害者基本法が成立し公布されました。

　改正された障害者基本法では、目的規定（第1条）が見直され、障害者の定義（第2条）も見直されました。また、第3条では、地域社会における共生等、第4条では、差別の禁止、第5条では、国際的協調、第7条・第8条では、国民の理解と責務、第10条では、施策の基本方針等が示されています。

▶ 障害者基本法の主な改正点

　第1条の法の目的では、「全ての国民が、障害の有無にかかわらず、等しく基本的人権を享有するかけがえのない個人として尊重されるものであるとの理念にのっとり、全ての国民が、障害の有無によって分け隔てられることなく、相互に人格と個性を尊重し合いながら共生する社会を実現するため」が付け加えられました。

　また、第2条の障害者の定義では、これまでは定義されていなかった、**発達障害**が規定されました。さらに、「**社会的障壁**」により生活に支障があることも障害であると規定されました。これまでは、障害者とは、自分自身の機能が損傷を受けていることが主でしたが、さらに、「社会的障壁（日常生活や社会的生活に支障となる社会における事物、制度、慣行、観念その他一切のものをいう）」も障害であると規定しています。

障害者基本法の成立と改正までの過程

心身障害者対策基本法
(1970(昭和45)年5月21日制定)

全面改正

障害者基本法
(1993(平成5)年制定)

一部改正

現行障害者基本法
(2011(平成23)年改正)

一部改正

障害者基本法
(2004(平成16)年改正)

2011(平成23)年改正障害者基本法

改　正	旧基本法
第1章　総則 （目的） 第1条　この法律は、**全ての国民が、障害の有無にかかわらず、等しく基本的人権を享有するかけがえのない個人として尊重されるものであるとの理念にのつとり、全ての国民が、障害の有無によつて分け隔てられることなく、相互に人格と個性を尊重し合いながら共生する社会を実現するため**、障害者の自立及び社会参加の支援等のための施策に関し、**基本原則**を定め、及び国、地方公共団体等の責務を明らかにするとともに、障害者の自立及び社会参加の支援等のための施策の基本となる事項を定めること等により、障害者の自立及び社会参加の支援等のための施策を総合的かつ計画的に**推進**することを目的とする。	第1章　総則 （目的） 第1条　この法律は、障害者の自立及び社会参加の支援等のための施策に関し、**基本的理念**を定め、及び国、地方公共団体等の責務を明らかにするとともに、障害者の自立及び社会参加の支援等のための施策の基本となる事項を定めること等により、障害者の自立及び社会参加の支援等のための施策を総合的かつ計画的に<u>推進</u>し、もつて<u>障害者の福祉を増進する</u>ことを目的とする。
（定　義） 第2条　この法律において、次の各号に掲げる用語の意義は、それぞれ当該各号に定めるところによる。 　一　障害者　身体障害、知的障害、精神障害（発達障害を含む。）その他の心身の機能の障害（以下「障害」と総称する。）がある者であつて、障害及び社会的障壁により継続的に日常生活又は社会生活に相当な制限を受ける状態にあるものをいう。 　二　社会的障壁　障害がある者にとつて日常生活又は社会生活を営む上で障壁となるような社会における事物、制度、慣行、観念その他一切のものをいう。	（定　義） <u>第2条　この法律において「障害者」とは、身体障害、知的障害又は精神障害（以下「障害」と総称する。）があるため、継続的に日常生活又は社会生活に相当な制限を受ける者をいう。</u>

03

障害者総合支援法

障害者総合支援法制定までの経過

2003（平成15）年に従来の「**措置制度**」から「**支援費制度**」が導入されました。制度の基本理念は地域生活支援、自己決定の尊重、利用者本位のサービスの提供等でした。それまで行政の措置としてサービスが指定され、本人がサービスを選ぶことができませんでしたが、「支援費制度」では自身の希望で選ぶことができるようになりました。しかし、費用の増大が課題で2005（平成17）年に障害者自立支援法が制定されました。障害者自立支援法では、障害種別ごとだったサービスが一元化され、障害の程度を表す全国で統一の尺度が作成されましたが、「**応益負担**」というサービス量に応じて1割程度の負担が必要になりました。重度の障害者は収入が少ないにもかかわらず多くのサービスを必要とするので、サービス経費が払えないという課題があり、2012（平成24）年4月からは「**応能負担**」が取り入れられました。

障害者総合支援法制定の概要

2013（平成25）年4月に障害者自立支援法が改正され、「**障害者の日常生活及び社会生活を総合的に支援するための法律**」（障害者総合支援法）となりました。障害の範囲に難病を正式に加え、「障害程度区分」を「**障害支援区分**」に改め、サービスの拡充、サービス基盤の計画的整備等が掲げられました。障害者施策全体が地域生活を目指す方向が法律名称にも位置づけられ、そのための支援体制を整備することが市町村に課せられています。重度の障害者でも地域で生活することが当然だと思える共生社会の形成とそのためのサービス体制の整備です。しかし、市町村の財政状況で提供できるサービスに差が出ている点をどのように改善していくのか等の課題も指摘されています。

障害者総合支援法制定までの経過

支援費制度　2003年施行　→　**障害者自立支援法**　2005年施行　→　**障害者総合支援法**　2013年施行

応益負担
応益負担とは、受けた利益に対して一定の割合を負担するということ。1割負担なら、5万円のサービスを受ければ、5千円が負担額となる。重度の障害者はより多くのサービスを必要とするので、負担額も多くなるしくみ

応能負担
応能負担とは、その人の負担能力（所得が多いか、少ないか）に応じて費用を負担するということ。10万円のサービスを受けたら、所得の多いAさんは1万円、所得の少ないBさんは千円を負担するしくみ

障害者総合支援法の目的と基本理念

（目的）第1条	（基本理念）第1条の2
この法律は、障害者基本法（昭和45年法律第84号）の基本的な理念にのっとり、身体障害者福祉法（昭和24年法律第283号）、知的障害者福祉法（昭和35年法律第37号）、精神保健及び精神障害者福祉に関する法律（昭和25年法律第123号）、児童福祉法（昭和22年法律第164号）その他障害者及び障害児の福祉に関する法律と相まって、障害者及び障害児が基本的人権を享有する個人としての尊厳にふさわしい日常生活又は社会生活を営むことができるよう、必要な障害福祉サービスに係る給付、地域生活支援事業その他の支援を総合的に行い、もって障害者及び障害児の福祉の増進を図るとともに、障害の有無にかかわらず国民が相互に人格と個性を尊重し安心して暮らすことのできる地域社会の実現に寄与することを目的とする。	障害者及び障害児が日常生活又は社会生活を営むための支援は、全ての国民が、障害の有無にかかわらず、等しく基本的人権を享有するかけがえのない個人として尊重されるものであるとの理念にのっとり、全ての国民が、障害の有無によって分け隔てられることなく、相互に人格と個性を尊重し合いながら共生する社会を実現するため、全ての障害者及び障害児が可能な限りその身近な場所において必要な日常生活又は社会生活を営むための支援を受けられることにより社会参加の機会が確保されること及びどこで誰と生活するかについての選択の機会が確保され、地域社会において他の人々と共生することを妨げられないこと並びに障害者及び障害児にとって日常生活又は社会生活を営む上で障壁となるような社会における事物、制度、慣行、観念その他一切のものの除去に資することを旨として、総合的かつ計画的に行わなければならない。

04

児童福祉法

児童福祉法の障害福祉サービス

2012（平成24）年4月施行の児童福祉法改正等により、障害児支援の体系の再編・一元化が行われました。児童福祉法を根拠とするサービス一覧は右図のとおりです。

都道府県が所管するサービスは**障害児入所施設**（福祉型・医療型）となります。市町村は通所支援を所管します。具体的には、**児童発達支援**、**医療型児童発達支援**（2024（令和6）年4月1日から「福祉型」と一元化）、**放課後等デイサービス**、**居宅訪問型児童発達支援**、**保育所等訪問支援**などがあります。

また、一部、障害者総合支援法に基づくサービスを利用することも可能です。**居宅介護**（ホームヘルプ）、**同行援護**、**行動援護**、**重度障害者等包括支援**、**短期入所**（ショートステイ）などのサービスを利用することができます。

児童福祉法の改正

2012（平成24）年の児童福祉法の改正は、発達支援が必要なすべての子どもや障害の確定しない「気になる子ども」の段階から、身近な地域で支援が受けられ、保育所や学校などで過ごす子どもへの専門的支援の提供といった、「施設と地域」「対象年齢」「障害確定の有無」の枠を外し、施設の類型を一元化した、とても大きな変革でした。

児童福祉法は時代に合わせて改正されてきました。2024（令和6）年施行の改正では、右図のように児童相談所の虐待相談対応件数が増えていることに伴い、児童虐待防止やその対応が重点的に変更されます。

児童福祉法のサービスと児童虐待 図

障害児を対象としたサービス

〈都道府県〉

障害児入所支援

福祉型障害児入所施設

医療型障害児入所施設

〈市町村〉

障害児通所支援

児童発達支援

医療型児童発達支援

放課後等デイサービス

居宅訪問型児童発達支援

保育所等訪問支援

児童虐待相談対応件数の推移

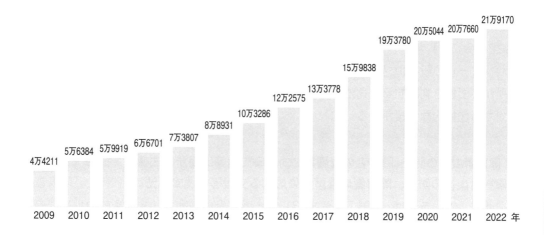

年	件数
2009	4万4211
2010	5万6384
2011	5万9919
2012	6万6701
2013	7万3807
2014	8万8931
2015	10万3286
2016	12万2575
2017	13万3778
2018	15万9838
2019	19万3780
2020	20万5044
2021	20万7660
2022	21万9170

図で示すとおり、右肩上がりに相談対応件数が増えています。件数が増加している要因を分析した上での適切な対応が望まれます。

05

虐待防止法

▶ 児童虐待の防止等に関する法律の対象と児童虐待

虐待防止法は「児童」「障害者」「高齢者」等それぞれに法制化されています。

児童虐待の防止等に関する法律（以下、「児童虐待防止法」という）は、2019（令和元）年６月に「体罰の禁止」を明文化した改正法が改正児童福祉法と同時に成立し、翌年４月から施行されています。子育てに困難を抱える世帯がこれまで以上に顕在化してきている状況等をふまえ、子育て世帯に対する包括的な支援体制強化等のため、2022（令和４）年６月には改正児童福祉法が成立しました。①市区町村に「子ども家庭センター」の設置に対する努力義務、②虐待を受けた子どもの「一時保護」では、裁判所が必要性を判断する「司法審査」が導入されるなどの児童虐待の防止と子育て世帯に対する包括的な支援が盛り込まれています。

▶ 障害者虐待の防止、障害者の養護者に対する支援等に関する法律

障害者虐待の防止、障害者の養護者に対する支援等に関する法律（以下、「障害者虐待防止法」という）は、2011（平成23）年、障害者の権利に関する条約の批准に向けた国内法整備の一環として成立しました。障害者の権利に関する条約の第16条で「搾取、暴力及び虐待からの自由」が規定されています。

児童虐待防止法や高齢者虐待防止法との違いは、虐待者に「使用者」を加えている点です。また、特に注意したい点は、「正当な理由のない身体拘束」が身体的虐待の定義に含まれていることです。正当な理由とは「利用者の生命や身体に危険が及ぶ場合（切迫性）」「身体拘束等の制限を行うほかに手段がないこと（非代替性）」「身体拘束その他の制限が一時的であること（一時性）」等があげられます。

虐待防止法と障害者への虐待件数　図

三つの虐待防止法比較

法の対象	児童虐待防止法	高齢者虐待防止法	障害者虐待防止法
成立年	2000（平成12）年	2005（平成17）年	2011（平成23）年
虐待の種類	身体的、心理的、性的、ネグレクト	身体的、心理的、性的、ネグレクト、経済的	身体的、心理的、性的、ネグレクト、経済的
行為主体	養護者、施設従事者	養護者、施設従事者	養護者、施設従事者、使用者
通報義務	市町村の福祉事務所や都道府県の児童相談所への通報義務	生命または身体に重大な危険が生じている場合、市町村への通報義務	市町村への通報義務（使用者による虐待では市町村または都道府県）
通報を受けた市町村の対応	・児童相談所へ措置するのかの判断 ・一時保護すべきなら都道府県知事または児童相談所長へ通知	・生命または身体に重大な危険が生じているおそれがあると認められるときは、一時保護	・施設従事者と使用者による虐待で通報を受けた市町村は都道府県へ報告、使用者による虐待では都道府県から都道府県労働局へ通知

障害者への虐待件数

	養護者による障害者虐待	障害者福祉施設従事者等による障害者虐待	（参考）使用者による障害者虐待（都道府県労働局の対応）
市区町村等への相談・通報件数	7337件 （6556件）	3208件 （2865件）	1230事業所 （1277件）
市区町村等による虐待判断件数	1994件 （1768件）	699件 （632件）	392件 （401件）
被虐待者数	2004人 （1775人）	956人 （890人）	502人 （498人）

（注1）上記は、令和3年4月1日から令和4年3月31日までに虐待と判断された事例を集計したもの。カッコ内については、前回調査（令和2年4月1日から令和3年3月31日まで）のもの

（注2）都道府県労働局の対応については、令和4年9月7日雇用環境・均等局総務課労働紛争処理業務室のデータを引用
（「市区町村等への相談・通報件数」は「都道府県労働局へ通報・届出のあった事業所数」、「市区町村等による虐待判断件数」は「都道府県労働局による虐待が認められた事業所数」と読み替え）

06 障害者差別解消法

共生社会の実現のために

　障害を理由とする差別の解消を推進することを目的として、2013（平成25）年６月、**「障害を理由とする差別の解消の推進に関する法律」**（以下、「障害者差別解消法」という）が制定され、2016（平成28）年４月１日から施行されました。また、2021（令和３）年６月、同法は改正されました（2021（令和３）年法律第56号）。改正法は、2024（令和６）年４月１日から施行されます。

　同法では、**障害のあるなしにかかわらず、すべての命は同じように大切であり、かけがえのないものであるという「当たり前」の価値観を社会全体で共有していくということが重要**だとしています。

合理的配慮とは

　障害のある人は、**社会の中にある障壁によって生活しづらい場合があります**。障害者差別解消法では、事業者や行政機関等に対して、障害のある人から、**社会の中にある障壁を取り除くために何らかの対応を必要としているとの意思が伝えられたときに、負担が重すぎない範囲で対応すること**（事業者においては、今は、対応に努めることとされていますが、2024（令和６）年４月１日から義務化されることとなっています）を行うこととしています。仮に重すぎる負担があるときでも、障害のある人に、なぜ負担が重すぎるのか理由を説明し、別のやり方を提案することも含め、話し合い、理解を得るよう努めることが大切です。これを**「合理的配慮の提供」**といいます。

行政機関等・事業者による差別解消のための措置

	不当な差別的取扱いの禁止	合理的配慮の提供	環境の整備
行政機関等	してはいけない（義務） 第7条第1項	しなければならない（義務） 第7条第2項	するように努力（努力義務） 第5条
事業者	してはいけない（義務） 第8条第1項	するように努力（努力義務※） 第8条第2項	するように努力（努力義務） 第5条

※ 2024（令和6）年4月1日から義務化

合理的配慮の具体例

―知的障害のある人―

【障害者からの申出】
フロアガイド（店舗案内図）の漢字が読めないので振り仮名を振ってほしい

【申出への対応（合理的配慮の提供）】
フロアガイド（店舗案内図）に振り仮名を振って渡した

―身体障害のある人―

【障害者からの申出】
申込書類に自分で記入することができず、同行者もいないので、店員に代筆してほしい

【申出への対応（合理的配慮の提供）】
十分に本人の意向を確認した上で、店員が代筆による記入を行った。この際、記入内容について後で見解の相違が生じないようにほかの店員が立ち会った

07 障害者雇用促進法

背景と歴史

障害者の雇用の促進等に関する法律（以下、「障害者雇用促進法」という）は、高度経済成長が進む中で「自立と完全雇用」を目的とする経済計画や国際的な流れを背景とし、1960（昭和35）年に制定された身体障害者雇用促進法が前身となっています。それ以降、**「法定雇用率の義務化」**や**「雇用給付金制度」**が制定されました。また、1987（昭和62）年に障害者雇用促進法に改称されて以降、**知的障害者や精神障害者が同法の適用対象に追加**されました。

週所定労働時間が10時間以上20時間未満の精神障害者、重度身体障害者および重度知的障害者については、特例的な取扱いとして、事業主が雇用した場合に、雇用率において0.5と算定できるようにするという法改正（2024（令和6）年4月より）も予定されています。

職業生活における自立と安定に向けて

障害者雇用促進法の目的は、「**障害のある人の職業生活における自立を促す取り組みを総合的に行うことで、障害のある人の職業の安定を実現すること**」であるとしています。

これは「ノーマライゼーション」や「共生社会の実現」を理念としながら、障害のある人が障害のない人と同様に、その**能力と適性に合った職業に就き、自立した生活を送れるようにすること**であるといえます。

また、障害者雇用促進法の第4条には、「職業に従事する者としての自覚を持ち、自ら進んで、その能力の開発及び向上を図り、有為な職業人として自立するように努めなければならない」と規定されています。

三つの方策

1　障害者雇用率制度

障害者の雇用の安定を図るために、障害者雇用率に相当する人数以上の障害者を雇用しなければならないとする制度

2　差別禁止と合理的配慮の提供義務

・賃金・教育訓練・福利厚生の利用などの待遇で差別しない
・障害者がほかの人と平等に生活できるよう配慮する

3　職業リハビリテーションの推進

障害者の能力に応じた職業への就労を促し、職業生活における自立を実現する

法定雇用率

	2021（令和3）年 3月から	2024（令和6）年 4月から	2026（令和8）年 7月から
一般の民間企業	2.3%	2.5%	2.7%
国、地方公共団体、特殊法人等	2.6%	2.8%	3.0%
都道府県等の教育委員会	2.5%	2.7%	2.9%

障害者数の算定方法

2024（令和6）年4月1日以降

週所定 労働時間		30時間以上	20時間以上 30時間未満	10時間以上 20時間未満
身体障害者		1人	0.5人	―
	重度	2人	1人	0.5人
知的障害者		1人	0.5人	―
	重度	2人	1人	0.5人
精神障害者		1人	0.5人（※）	0.5人

※：当分の間「1人」とみなす

08 発達障害者支援法

法制度の狭間にあった発達障害者支援

発達障害者支援法が成立する以前は、発達障害がある人への支援を目的とした法律がなく、日本の障害者に関する法制度における制度の狭間におかれており、従来の施策では十分な支援やサービスを受けられない状況にありました。2005（平成17）年に同法が施行されたことにより、**発達障害の定義が明確化され、さらには公的なサービス利用の対象とされるようになりました。**

また、2002（平成14）年に創設されていた「自閉症・発達障害者支援センター」が、同法の施行により、現在の「発達障害者支援センター」として位置づけられ、発達障害者支援の中核を担うセンターとして全国に設置されています。

医学モデルから社会モデルへ

2016（平成28）年の改正で、発達障害者支援法の基本理念として「社会的障壁の除去」という文言が追加され、**発達障害のある人が社会生活を営む上で直面する不利益は、本人ではなく社会の責任であるという考え**が明確に示されました。これは、障害は個人の心身、機能の障害によるものであるというかつての「医学モデル」ではなく、**「障害は個人ではなく社会のほうにある」ととらえる「社会モデル」という考え方**です。

例えば、「車いすを利用する人が段差や階段を上れないのは個人の障害」ではなく、「エレベーターやスロープがないという社会の障害」であるという考え方です。このような「社会モデル」の考え方を、発達障害者支援にも適用していくということが改正法では明示されています。

発達障害者支援法における発達障害の定義

それぞれの障害の特性

●言葉の発達の遅れ
●コミュニケーションの障害
●対人関係・社会性の障害
●パターン化した行動、こだわり

知的な遅れを伴うこともあります

自閉症

広汎性発達障害

アスペルガー症候群

●基本的に、言葉の発達の遅れはない
●コミュニケーションの障害
●対人関係・社会性の障害
●パターン化した行動、興味・関心の偏り
●不器用（言語発達に比べて）

注意欠陥多動性障害　AD/HD
●不注意（集中できない）
●多動・多弁（じっとしていられない）
●衝動的に行動する（考えるよりも先に動く）

学習障害　LD
●「読む」、「書く」、「計算する」
　等の能力が、全体的な知的
　発達に比べて極端に苦手

※このほか、トゥレット症候群や吃音（症）
　なども発達障害に含まれます。

発達障害者支援法改正（2016（平成28）年）の三つのポイント

1　ライフステージを通じた切れ目のない支援

2　家族なども含めた、きめ細かな支援

3　地域の身近な場所で受けられる支援

第 9 章 参考文献

- 厚生労働省「令和3年度都道府県・市区町村における障害者虐待事例への対応状況等（調査結果）」
- 内閣府「障害者の差別解消に向けた理解促進ポータルサイト」

索引

執筆者一覧

[編著]

菊本 圭一（きくもと・けいいち）　　はじめに／第3章25〜28／
　　　　　　　　　　　　　　　　　　　　第5章01〜03／第6章01〜04

社会福祉法人けやきの郷・業務執行理事、事業本部長
株式会社金登屋・代表取締役

[著者（執筆順）]

本名 靖（ほんな・やすし）　　第1章01〜04／第2章01〜04／
　　　　　　　　　　　　　　　　　第3章21〜24／第9章01〜05

社会福祉法人本庄ひまわり福祉会・業務執行理事、総合施設長

金丸 博一（かねまる・ひろかず）　　第1章05・06／第2章05〜07／
　　　　　　　　　　　　　　　　　　　　第3章11〜16／第7章

コンサルテーションサポート　森の入口・代表

小川 陽（おがわ・あきら）　　第3章01〜10・29〜32／第4章

社会福祉法人唐池学園　貴志園・在宅支援部長

野崎 陽弘（のざき・あきひろ）　　第3章17〜20／第5章04〜09／
　　　　　　　　　　　　　　　　　　　第6章05〜07／第8章／第9章06〜08

社会福祉法人けやきの郷　埼玉県発達障害者支援センター「まほろば」／障害者相
談・地域支援センターけやき・センター長

図解でわかるサビ管・児発管のお仕事

2023年12月20日　初　版　発　行
2024年10月25日　初版第３刷発行

編　著　　　菊本圭一
発行者　　　荘村明彦
発行所　　　中央法規出版株式会社
　　　　　　〒110-0016　東京都台東区台東3-29-1　中央法規ビル
　　　　　　Tel 03（6387）3196
　　　　　　https://www.chuohoki.co.jp/

印刷・製本　　　サンメッセ株式会社
装幀デザイン　　二ノ宮匡（ニクスインク）
イラスト　　　　大野文彰

ISBN978-4-8058-8968-8